*Gertrud Scheuberth*

# Das blaue Gehwegschild

## Ein Vaterbild zerbricht

Postfach 2562, 72015 Tübingen

1. Auflage

Bibliografische Information der Deutschen Nationalbibliothek
Die Deutsche Nationalbibliothek verzeichnet diese Publikation in der Deutschen Nationalbibliografie; detaillierte bibliografische Daten sind im Internet über http://dnb.dnb.de abrufbar.



| | |
|---|---|
| Verlagsprogramm: | www.tvt-verlag.de |
| Bestellungen: | Tel. 07071/369336 · Fax 360079<br>oder per Email: tvtverlag@aol.com |
| Redaktion: | Dr. Michael Friedrichs, Augsburg |
| Druck: | Müller + Bass, Tübingen |
| Satz: | Fotosatz Hack, Dußlingen |

ISBN 978-3-929128-60-4

Gertrud Scheuberth

# Das blaue Gehwegschild

## Ein Vaterbild zerbricht

Für Friederike in froher Dankbarkeit

T·V·T

# Inhalt

„Ein Polizist hat die Juden vor sich hergetrieben“, sagt der Ghetto-Überlebende Natan Grossmann aus Lodz/Litzmannstadt in dem Film „Linie 41“. Er zeigt auf ein unscheinbares Haus, durch das die Gefangenen hindurchgehen mussten: „Hinter dem Haus standen die LKWs, da sind sie eingestiegen.“ Und dann zeigt die Kamera, wie Grossmann und die Filmemacherin Tanja Cummings selbst durch das kleine alte Haus in der Gedenkstätte Chelmno hindurchgehen, auf den Spuren seines toten Bruders Ber Grossmann, und eine breite Straße entlang: „Auf dieser Straße sind sie vergast worden.“

Dieser Polizist könnte mein Vater gewesen sein.

Quelle: www.linie41-film.net
Veranstaltung am 10.12.2017 in der KZ-Gedenkstätte Tailfingen-Hailfingen bei Tübingen mit anschließendem Gespräch mit Grossmann und Cummings.

Über meinen Lokführeronkel, der die Transporte von L. in die KZs fuhr, und dessentwegen ich eigentlich, bei dichtem Schneefall, nach Tailfingen gefahren bin, habe ich nichts erfahren, stattdessen überraschend die geschilderte Szene aus Chelmno bei Posen, wo mein Vater als Polizist war.

# Zu spät gekommen

An einem Spätsommerabend, als das Notwendige für Beruf und Familie getan ist, wendet sich eine Frau einer neuen, ungewohnten Arbeit zu, die sie lange geplant, aber bisher nicht gewagt hat. Lena will endlich die Geschichten ihrer Toten aufschreiben, die unerzählten, die beschwiegenen und die verklärten, eben alle.
Vor einem Jahr, als ihre Taufpatin, die Tante Anna, nach langer Krankheit starb, hat Lena es unter Schwierigkeiten geschafft, früher als geplant von einer beruflichen Tagung direkt in die bayerisch-schwäbische Heimatstadt aufzubrechen, aber der erste Anschlusszug in Ulm hatte Verspätung, und der zweite kam an, als die Beerdigung schon fast zu Ende war. Lena wagte es nicht, noch auf den Katholischen Herman-Friedhof zu gehen und den zurückkehrenden Verwandten zu begegnen, sondern fuhr mit dem nächsten Zug wieder nach Tübingen, zurück über die Schwäbische Alb. Sie war zu spät gekommen.
Der verständnisvollen Reaktion der Mutter beim abendlichen Telefongespräch, mit der Tante Anna hätte sie ja auch in letzter Zeit nicht mehr so viel Kontakt gepflegt, hatte Lena nur ihre beruflichen Verpflichtungen entgegen zu setzen. Bei Lenas letztem Besuch im Krankenhaus habe die Tante sie ja kaum noch erkannt, oder? Arbeit und Beruf gingen eben vor.

Immer wenn jemand in der Familie gestorben war, hat Lena es in den vergangenen Jahren vorgezogen, sich ihren beruflichen Verpflichtungen zu widmen, anstatt endlich wieder einmal nach Augsburg zu fahren, nur für dies eine Mal, in die Heimat. Lenas Familie zeigte dafür immer Verständnis, gab es doch seit jeher kein höheres Gut als die Arbeit, zumal die berufliche: In Büros und Fabriken, Ladengeschäften und Ämtern waren immer auch die Frauen tätig. In den späten Zwanzigerjahren hatte Lenas

Mutter, Marie, ein paar Jahre lang die ganze Familie ernährt: den arbeitslosen Bruder und den kranken Vater, bis es Maries Eltern gelang, ein Mietshaus zu erwerben und darin ein Lebensmittelgeschäft zu eröffnen, auf Kredit und unter Entbehrungen. Hausarbeit oder Landwirtschaft galten nicht viel in einer Familie, die sich gerade erst vom Dorf in die Großstadt aufgemacht hatte, um dort ihr Glück zu suchen, das Notwendige musste eben gemacht werden: Am Sonntagmorgen wurde, statt des Kirchgangs, der Laden geputzt, und am Nachmittag, statt des Schwimmens mit den Freundinnen, wusch und flickte Marie die Kleider für die ganze Familie.

So blieb Lena die berufstätige Tochter, Nichte, Cousine in der fernen Universitätsstadt im Württembergischen, die leider keine Zeit hatte, längere Bahnreisen, eventuell sogar mit Übernachtung, in die bayerisch-schwäbischen Städte und Dörfer anzutreten, um sich mit den immer fremder werdenden Verwandten zu unterhalten, und ihnen am Ende dann diese letzte Ehre zu erweisen, von der manchmal die Rede war. Und offenbar erwartete es auch niemand von ihr.
Irgendwann aber beginnt der Tod in Lenas eigener Generation Platz zu greifen: Die älteste Cousine, Selma in Bamberg, stirbt mit knapp 70 Jahren, ein paar Wochen nach Lenas letztem telefonischen Versuch, ihren lange geplanten Besuch bei der Cousine jetzt endlich, in den bevorstehenden Schulferien, als Ausgangspunkt einer Main-Radtour, anzukündigen. Eine Operation, der sich die Cousine mit Hoffnung auf Heilung unterziehen wollte, ist schief gegangen. Die Erzählungen aus Selmas Kindheit, „vor em Griag und em Griag", wären ein guter Stoff gewesen für Lenas Geschichtsunterricht. Immer wenn es persönlich wurde, hörten die Schüler gespannt zu.
Lena konnte nicht wissen, ob die Cousine überhaupt zum Erzählen bereit gewesen wäre. Alle Verwandten aus Lenas Generation

waren mehr als zehn Jahre älter als sie und schoben das Thema Vergangenheit meist weit von sich: „Hör mir bloß auf mit deine Jud'n! I hob dena nix gedan, goar nix!" Lena schien die Letzte zu sein, die sich mit der Vergangenheit auseinander setzen musste, wohl gerade weil sie das alles nicht selber erlebt hatte, dem Schweigen und den Geheimnissen der anderen, ohne eigene Erfahrung gegenüber stand, wehrlos und neugierig.
Sie war die Jüngste, die zu spät Gekommene. Aber jetzt wird sie sich endlich Zeit nehmen, ein Sabbatjahr einlegen, den Beruf für ein Jahr unterbrechen, um die vielen versäumten Begegnungen nachzuholen – notfalls in der Phantasie!
Es gäbe so Vieles aufzuschreiben, „ehe es vergeht", für immer vergessen ist, dachte Lena in all den Jahren, wo sie keine Zeit dafür gefunden hatte, und keinen Platz in ihrem Leben.
Aber es „verging" ja nicht, es lebte irgendwie weiter in Lena selbst, ohne dass sie genau hätte sagen können, wie und warum. Es war eben da. Es ging also nicht nur darum, den Toten „die Ehre zu erweisen", die nachgetragene Liebe schien Lena auch eine Art Voraussetzung für ihr eigenes Wohlbefinden, ihre seelische Gesundheit zu sein. All die offenen Fragen, die verschwiegenen Wunden, aber auch das vergessene Glück im Leben ihrer Toten schienen Spuren in Lenas Seele zurückzulassen. Nur im literarischen Gestalten der Vergangenheitsrätsel, in der „erfundenen Erinnerung", konnte es Lena vielleicht gelingen, sich in Klarheit und Würde von ihnen zu verabschieden, sich abzugrenzen von all den ungelebten Träumen, den unabgegoltenen Wünschen, von Leid und Schmerz, Trauer und Schuld der Mütter und Väter, Tanten und Onkel – und endlich offen zu werden für deren Glück, das es doch auch gegeben haben muss!
Das Einzige, was Lena davon ahnen konnte, war, dass sich alles Beglückende offenbar „vor'm Griag" ereignet haben musste. Das waren schöne Zeiten!

Nur wenn es ein wenig vom Glück der Eltern erahnt, kann das Kind selbst glücklich werden.

An einem Spätsommerabend macht sich Lena also an die Arbeit, ans Aufschreiben des Unerzählten. Aber in welcher Sprache soll erzählt werden? Sollen die Verklärungen entzaubert, die Schatten erhellt werden? Und wie soll das gehen?
Wer wird zu Wort kommen – das Kind, das Lena einmal war, oder die erwachsene Frau, die sie jetzt ist? Oder die Eltern selber, Marie, die fabulierfreudige Mutter, und Johann, der schweigsame Vater – als sie jung waren, „vor am Griag"? Fragen und Rätsel werden bleiben, neue werden dazukommen, die Toten können nicht mehr antworten. Aber es werden Geschichten entstehen, neue Geschichten. Und es wird Leser geben, fremde, noch unbekannte, mit ihren eigenen Fragen und Antworten.

## Der Schofför

- Babba, warum ham mir koi Audo?
- Des brauch'n mir ned.
- Aber der Monika ihre Eldern ham jetzt ...
- Des is mir wurschd!
- Babba, host du koan Fiererschei?
- Na. I fahr' mid'm Radl.
- Warum?

Spätestens an dieser Stelle griff gewöhnlich die Mutter ein, um das Kind vor der anstehenden „Watsch'n" zu bewahren. Dabei hätte es gern eine Antwort gewusst.
Jeden Nachmittag kreuzten vor dem katholischen Kindergarten in der Augsburger Gartenstadt Spickel die funkelnden Schlitten der modischen amerikanischen Elternpaare, ihnen entstiegen schmetterlingsbebrillte Mütter und holten ihre rosahellblaugerüschten Kinder ab: Marilyn oder Virgin, mit weißblonden Locken oder brauner Hautfarbe, milk and chocolate waren Lenas erste amerikanische Wörter. Ein Mädchen hieß tatsächlich Ute Borgward – warum ham mir koi Audo?
Den ersten Versuch, selber den Führerschein zu machen, hatte Lena kurz nach dem Abitur, zum Erstaunen des Fahrlehrers, nach ein paar Stunden abgebrochen. Sie konnte das nicht. Tagsüber tippte sie in einem Büro nach Diktaphon undeutlich artikulierte Geschäftsbriefe, ständig musste sie mit den Fußtasten auf Stopp, vor oder zurück, bis sich ihr der Sinn der Schachtelsätze einigermaßen erschloss. Und abends sollte sie mit den gleichen Füßen Gas- und Bremshebel auseinanderhalten und entsprechend bedienen!
Da hatte sie schon ihren Frieden gemacht mit den Eltern und verdiente sich das Geld für die Fahrstunden selber. Denn das schien der Grund für das fehlende Auto zu sein. Immer waren ja die Wünsche des Kindes so beschieden worden: kein Geld für

das Klavier, für den Englandaustausch, fürs Gymnasium.
So wird es gewesen sein.

Jahre später, das Autofahren war ihr längst zur Gewohnheit geworden, erinnerte sich Lena manchmal an jene Kindheitsgeschichten, in denen „d'r Griag" eine Rolle spielte, jenes geheimnisvolle Wort, mit Hilfe dessen die Eltern die Zeit vor der Geburt der Tochter einzuteilen pflegten: „vor'm Griag, em Griag, noch'm Griag".
Er habe „vom Griag" geträumt, antwortete der Vater oft am Sonntagmorgen, wenn das Kind ihn aus dem Bett zerren wollte zum Spielen, und er manchmal etwas durcheinander schien. War die Mutter in der Nähe, leitete sie mit einer abwiegelnden Bemerkung zu ihren eigenen Träumen über: vom „G'schäft", dem Textilhaus Rübsamen in der Karolinenstraße, in dem sie mehr als fünfundzwanzig Jahre gearbeitet hatte. Hing das zusammen, „d'r Griag" und das „G'schäft"? Dem Kind muss es so vorgekommen sein.
Der Vater habe „noch'am Griag" seinen Führerschein nicht sofort erneuern lassen, als es noch leicht möglich gewesen sei. Jetzt sei es leider zu spät. Lena könnte sicher einmal mit der Freundin, der Monika, im grau-weißen Opel Rekord der Eltern mitfahren, zum Baden an den Ammersee.
„Mei Baba kauft amol an groß'n Laschdwo'gn", behauptete Lena, als Monikas Angebereien gar zu lästig wurden. „Den ko deiner gor ned fohr'n!" Hatte der Vater von seinen Einsätzen als LKW-Fahrer „im G'riag" erzählt? Was transportierte er in den Lastwägen? Von „Saubere Mad'ln" war einmal die Rede gewesen.
„Ham mir desweg'n koi Audo?" Die Mutter wird, wie immer, das Thema gewechselt haben. Der Führerschein „aus'm Griag" sei verfallen und der Vater habe mit seinen fast 50 Jahren nicht mehr die Nerven und vor allem kein Geld für die Fahrstunden.

Da war es wieder, das Geldargument, einsetzbar gegen alle weiteren Fragen der Tochter: Ob das Autofahren dem Vater damals keinen Spaß gemacht hatte? Ob ihm vielleicht etwas passiert ist mit dem Auto, etwas Schlimmes sogar? War er an einem Unfall schuld? Erzählte er deshalb nichts?

Viel später, der Vater ist lange tot und die erwachsene Tochter inzwischen Lehrerin in ihrem Studienort jenseits der Alb, liegt eines Abends die Tonkassette des Cousins im Briefkasten. Soeben von einer Studienreise nach Polen zurückgekehrt, um die Möglichkeiten eines Schüleraustauschs zu erkunden, hat Lena wenig Lust, die Post durchzusehen. Die Tasche muss ausgepackt, der morgige Tag vorbereitet werden. Und vor allem ist sie müde, und zu den alten Fragen sind neue dazu gekommen, statt der erhofften Antworten.

Immer hat sie eine solche Reise mit dem Vater machen wollen, an die Orte mit den geheimnisvollen Namen, deren fremden Klang Lena als Kind aufgeschnappt hat: Warschau, Auschwitz, Tschetschewitsche. Es ergab sich nie eine Gelegenheit, und als Lena mit dem Studium fertig war, starb der Vater ganz plötzlich nach einem Schlaganfall. Sie war damals gerade aus der DDR zurückgekommen, wieder von einer Studienfahrt. Die Polenreise musste Lena nun also alleine machen.

An diesem Abend ist sie müde, traurig, enttäuscht – irgendwie war alles umsonst! Aber die Kassette des Vetters lenkt sie vielleicht ein wenig ab. Vielen Dank, lieber Cousin, dass du mir mal wieder eine deiner schönen musikalisch-lyrischen Collagen schickst, als hättest Du gewusst, dass ich heute Abend nichts mehr ersehne als Entspannung, Ruhe, Trost.
Also ausgepackt das Ding, ab damit in den Rekorder, die Kopfhörer aufgesetzt und in den Lieblingssessel gekauert, unter eine

warme Decke, bis die Heizung warm wird: Es kann losgehen. „Griaß di, Bäsle, haid hob' i was ganz B'sonders für di, von meim Vaddr, deim Onk'l Heini, gell!" Pause, Rauschen, dann die brüchige Zigarrenraucherstimme des fast 90-jährigen Onkels, im vertrauten Augsburger Dialekt: Er wolle heute Geschichten erzählen von den Kriegserlebnissen seiner Brüder, zur Erinnerung für seinen Sohn, die Nichten und Neffen.
Verwirrt drückt Lena die Stopptaste. Was ist denn das jetzt? Keine Musik-Collage? Stattdessen Kriegserlebnisse, vielleicht auch die ihres Vaters, ausgerechnet heute Abend, zur Entspannung nach der Polenreise?
Aber – so müde ist sie jetzt gar nicht. Stattdessen spürt sie etwas wie Neugier. Gibt es vielleicht hier eine Antwort auf all ihre Fragen, die sie eine Woche lang durch Polen getragen hat, die sie Konzentrations-Lager besichtigen, Referaten zuhören und Informationsbroschüren studieren ließen, die sie durch schöne fremde Städte und Landschaften trug: Wie ist das damals gewesen? Wo ist der Vater gewesen? Was hat er erlebt, getan, unterlassen?
Der Johann, sein Bruder, habe einmal im Krieg in Polen, wo er „gegen dia Jud'n hot kempf'n miass'n", so der Onkel, den Befehl erhalten, einen Menschen zu erschießen. Die Stimme des alten Mannes klingt mühsam, aber klar. Lenas Herz klopft: Der Johann, das ist der Vater!
Er habe zusammen mit einem Offizier eine Patrouille durch die Wälder gemacht. Damals habe gegolten, wer plündere, werde erschossen. Sie hätten einen Mann entdeckt, einen Polen, gerade im Begriff, die Straße zu überqueren. Beim Anblick des Militärautos sei er in den Wald zurück gerannt. Natürlich habe man ihn erwischt und in seinem Rucksack ein gestohlenes Huhn entdeckt. Der Offizier habe daraufhin dem Johann, seinem Untergebenen, den Befehl erteilt, den Mann auf der Stelle zu erschießen.

Pause, Rauschen im Hintergrund, „Ja, und dann, was hod'r dann g'macht, d'r Onkl?"
Die Zwischenfrage, im vertrauten Tonfall des Cousins! Es ist also Wirklichkeit, was da gerade passiert, was Lena hört von diesem Tonband, es ist wirklich ihr alter Onkel, der da zu ihr spricht, und die Geschichte, die er erzählt, muss ihm der Bruder Johann, Lenas Vater, wohl so berichtet haben. Was ist wirklich, was ein Alptraum?
Aber der Johann habe sich geweigert. „I derschiaß doch koan Mensch'n weg'n sowos!" Der Offizier wiederholt den Befehl, erneut weigert sich der Untergebene. Nach dem dritten Versuch droht der Offizier mit dem Kriegsgericht in der nahen Kreisstadt, aber ohne Erfolg. Der Johann sei bei seiner Entscheidung geblieben.
Ihr sanfter, zurückhaltender Vater: War er in Wirklichkeit ein Held, ein Befehlsverweigerer? Mein Gott, warum hat er dem Kind nie etwas erzählt?
Daraufhin, so die brüchiger werdende Stimme des alten Onkels, daraufhin habe eben „dem Hauptmann sei' Schofför" den Polen erschießen müssen. Dieser habe es ohne weiteres getan. Den Rucksack mit dem gestohlenen Huhn habe der Offizier an sich genommen.
Eine Weile ist nur das Laufgeräusch des Tonbands zu hören. „Des war jetz' die G'schicht vom Johann, gell Vadder, und dann host' ja noch ..." Lena drückt die Stopptaste. Sie ist verwirrt. Woher kommt plötzlich dieser Chauffeur? Sie spult das Band zurück: Nein, er war vorher in der Geschichte nicht vorgekommen.
Langsam nimmt sie die Kopfhörer herunter, wickelt sich aus der warmen Decke, verlässt den bequemen Sessel und beginnt langsam, die Reisetasche auszupacken. Manches ist noch zu erledigen für den nächsten Tag.

Babba, warum ham mir koi Audo?

# Das blaue Gehwegschild

Die Sonntage sind es vor allem, von denen erzählt werden muss, wenn es um die blauen Schilder geht – genauer: die Sonntag-Vormittage. Noch heute kommt die Erinnerung, wenn Lena in einem Hotelzimmer in einer katholischen Stadt, egal wo, an einem Sonntagmorgen erwacht und das Fenster offen steht: die Glocken! Dann steht plötzlich die ganze Kinderzeit vor Lenas Augen, die Zeit der blauen Gehwegschilder.
Das Kind kriecht aus seinem Bettchen, das quer zum Fußende des elterlichen Ehebetts steht, unter Vaters warme Decke. Ist die Mutter schon in der Küche? Dann kann der Vater ja jetzt „an Mo komma loss'n": Ein kleines Männchen, dessen Beine aus Zeige- und Ringfinger des Vaters bestehen, steigt mühsam schnaufend irgendwo hinauf, am Arm oder Bein des Kindes, ruht sich aus auf der Schulter oder in der Kniekehle, ist sehr müde und will schlafen. Aber das Kind protestiert, da rafft „d'r Mo" sich auf und läuft ganz schnell weiter, das Bein des Kindes hinab bis zu den Fußsohlen, wo er ein angenehmes Kribbeln erzeugt, oder aber den Hals hinauf bis zu einem Ohr, an dem er ein wenig zieht. Das Kind muss lachen, und davon plumpst das Männchen prompt hinunter, landet auf den weichen Kissen.
Gespräche stehen jetzt an, ernsthafte Fragen wie etwa die, was denn eigentlich eine Sünde sei – woher hat das Kind das Wort? Der ernsthafte Versuch des gar nicht wortgewandten und noch weniger im Transzendenten bewanderten Vaters, eine Erklärung zu finden, ein Beispiel für das Kind: Ja, was ist das, eine Sünde? Etwas, was man nicht machen darf. Vielleicht das: Sie, Lena, habe doch neulich im Keller, als sie ihm, dem Vater, das Bier holen wollte, eine Limonadenflasche umgestoßen, so dass diese zerbrochen sei. So etwas dürfe man nicht machen, eine Sünde also. Das Kind nickt zufrieden. Das Vaterunser lernt das Kind in diesen

Morgenaugenblicken, überhaupt das Beten, und alles, was wichtig ist im Leben, in der angenehmen Empfindung, noch eine Weile sicher zu sein vor den Anforderungen der äußeren, der mütterlichen Welt. Irgendwann muss freilich auch der Vater aufstehen, sich rasieren, waschen, anziehen, frühstücken, zum Gottesdienst gehen, in die hohen Kirchen der alten Stadt, zum Ulrich oder gar zum Dom – und das Kind mit ihm!
Schön sind diese kleinen Fluchten vor der vormittäglichen Küchentyrannei von Mutter und Großmutter. Für die Knödel müssen rohe Kartoffeln gerieben werden oder gekochte zerstampft, und weil die Tochter zu klein ist, macht sie alles falsch oder steht nur im Weg herum. Die Mutter schimpft und die Großmutter muss sie beruhigen. In solch einem Moment kann das Kind entwischen, wenn der Vater es nicht schon zuvor gerettet hat: „Du muasd mi'r no schnell wos helfn, im Keller drunt, komm, heb des amoi!" Eine kleine Beilagscheibe muss um das zugehörige Schräubchen, eine schmale Holzleiste soll mit einem spitzen Pinselchen bemalt werden.
An einem Sonntagmorgen, vielleicht kurz vor Ostern, steht der Vater in seinem langen Mantel, den breitkrempigen Hut auf dem Kopf, im Flur und hält Lena den kleinen Kindermantel entgegen: „Komm, mir geh'n jetz' in d' Schdadd!" Dass die Halbschuhe vom letzten Jahr jetzt ein bisschen drücken, weil das Kind schon wieder gewachsen ist, spürt es nicht mehr, auch nicht, dass der Mantel, von der Mutter genäht, ein wenig in der Taille zwickt, das alles ist jetzt egal. Nur hinaus! An der Hand des Vaters aus dem Haus, den engen Straßen der Gartenstadt Spickel, eine laternengesäumte Allee entlang, über den mächtigen Roten-Tor-Wall mit dem Graben geht es in die Altstadt. In den großen Kirchen mit ihren prunkvollen Altären singt und spricht der Vater mit Inbrunst geheimnisvolle Texte in einer fremden Sprache, im Dialog mit dem Priester, der den Menschen meist seinen golden-bunt gewandeten Rücken zudreht. Und Lena

plappert mit, so gut sie kann. Die Lieder mit den schwer verständlichen altmodischen Texten und den wiegenden Melodien singt das Kind manchmal in die plötzliche Stille hinein noch ein bisschen weiter, ganz allein, ohne vom Vater zurechtgewiesen zu werden. Es vermischt die fremden seltsamen Worte mit dem Amerikanisch der Kinder aus dem katholischen Sankt-Wolfgangs-Kindergarten zu einer Geheimsprache, die nur sie, Lena, versteht.
Hier im Dom versteht der Vater alles. Er kniet irgendwann mit ernstem Gesicht nieder, zweimal nacheinander, mit all den anderen Leuten, helles Glöckchengeklingel und Weihrauchduft, der Priester hebt etwas nach oben – dann stehen alle wieder auf wie aus einer Erstarrung befreit, manche setzen sich in Bewegung, der Vater zieht das Kind an der Hand hinaus in den Sonnenschein oder Schnee seiner schönen Stadt.
Vor dem Dom zeigt der Vater dem Kind die Steine aus der Römerzeit, neugierig versucht es die seltsamen Inschriften aus großen klaren Buchstaben zu entziffern: AUGUST-US ergänzt der Vater, der vielleicht nur dieses eine Wort kennt. Und so bleibt alles geheimnisvoll und wunderbar, wie Weihrauch und Kirchengesänge. Augustus war der Gründer der Stadt, könnte der Vater zu Lena gesagt haben. Was ist ein Gründer? Alles hängt zusammen, die Steine und die seltsamen Buchstaben, die Sonne und der Schnee.
An der Hand des Vaters geht es durch Laubengänge, die mit Torbögen verbunden sind, es wird hell und wieder dunkler. Unter einem der Bogen stehen Wörter in deutscher Sprache geschrieben, ein Schatten fällt darauf, auch sie bergen ein Geheimnis. Der Vater bleibt stehen und liest einen Namen vor, ernst und ein wenig traurig wird er dabei. Auch sein bester Freund, d'r Sepp, sei „nimmer hoam komma aus'm Griag". Oft hat Lena später diesen Torbogen mit den Namen, auf die ein Schatten fällt, gesucht, aber nie mehr wieder gefunden.

Dann der Bahnhof! Der gemeinsame Fußweg dorthin, durch die sonntägliche Frühlingsstadt, der große stattliche Vater in Hut und Mantel, an seiner Hand das kleine Mädchen, sicher und geschützt, immer begleitet von den blauen Gehweg-Schildern, durch die sonntägliche Frühlingsstadt: Elegante Damen steigen aus den halboffenen Straßenbahnen und riechen nach Kölnisch Wasser oder Creme Mouson, wie die Mutter auch manchmal an Sonntagen, sie tragen Kostüme und Schuhe mit hohen Absätzen. Der Vater nimmt stets dem Weg über den Königsplatz und die belebte Bahnhofstraße, vorbei an Schaufenstern und Cafés. Nur einmal sind sie den kürzeren Weg vom Dom über einen einsamen Platz gegangen, in dessen Mitte ein Denkmal steht, mit einem kriegerisch blickenden Herrn. „Des isch d'r Prinzregent, und do drüb'n war d' Geschdapo". Hat der Vater das so gesagt? Lena erinnert sich nicht genau. Aber er weiß, das Kind wird nicht nachfragen, was das ist, es vertraut ihm, alles ist gut. Doch erst als sie den großen leeren Platz mit den mächtigen einschüchternden Amtsgebäuden hinter sich lassen, beginnt Lena wieder fröhlich an der Seite des Vaters zu hüpfen.
Die Züge! Der Vater kennt sich aus mit Lokomotiven und Wagentypen. Das Kind vergisst seine Erklärungen schnell, aber noch heute ergreift Lena der alte Zauber, wenn sie irgendwo auf einem Bahnhof steht. Der Gang zum Kiosk, wo der Vater seine Sportzeitung kauft: Von Helmut Haller erzählt er jetzt, wie eben noch vom Kaiser Augustus, die Namen merkt sich das Kind. Dann kauft der Vater Zigarillos bei der schwarzhaarigen Frau mit dem hellen Lachen und den funkelnden Augen, deren Verlobter „jo a em Griag g'fall'n is, der Max, a schneidig'r Kollege", und von der sie der Mutter nichts erzählen werden, auch nicht von der Schokolade für das Kind, einer kleinen Packung, gerade recht für den Heimweg, damit das Sonntagsessen von Mutter und Großmutter noch schmeckt.

Auch dass der Vater manchmal unvermittelt die Straßenseite wechselt, wenn ihm Leute entgegenkommen, wird Lena der Mutter nicht erzählen. Sie findet es komisch, aber es ist eben ihr Geheimnis, das sie mit dem Vater teilt.
Nie betreten sie nach der Kirche ein Wirtshaus, wie Lena es von anderen Kindern gehört hat, deren Väter zum Frühschoppen gehen. Der Vater trinkt nicht, sagt die Mutter, und dass das gut sei. Wenn es doch einmal nach dem nachmittäglichen Sonntagsspaziergang, irgendwo einen Kaffee gibt, und eine Schokolade für das Kind, wählen Lena und der Vater einen Platz ganz am Rande der Gastraums, da hat man den Überblick, falls jemand reinkommt, den man nicht sehen will. Das ist gut!
Die blauen Gehwegschilder haben sie überallhin begleitet, aber jetzt hat das Kind Zeit, sie sich immer wieder genauer anzuschauen, auf dem langen Weg über die alten Wehranlagen des Roten Tors, die Laternenallee entlang, zurück in die Gartenstadt am Rand des Siebentischwalds – die Straßenbahn wäre ja zu teuer.
Der große breitschultrige Mann mit dem langen Mantel und dem Hut – das konnte nur der Vater sein. Und das kleine Mädchen mit dem weiten Rock: Das bin ich, Lena, das Kind.

***Bild 1: „Das bin ich, Lena, das Kind“***

## Warum ist Juno rund?

„Rottwachtmeister der Reserve“ liest Lena langsam und deutlich, die Tintenhandschrift ist ein wenig verblichen. Vor ihr liegt der abgegriffene Polizeiführerschein des Vaters. Ja, da sind Sie bei uns in Aachen richtig, unterbricht die Frauenstimme am anderen Ende der Leitung, noch ehe sie den Zusatz „der Reserve“ gehört haben kann. Die Daten der SS-Offiziere würden nämlich zur Bearbeitung an die Archivaußenstelle Freiburg weiter geleitet. Gut, danke schön. Lena fragt nicht nach. Dann ist sie da schon richtig. Offizier war ihr Vater natürlich keiner. Nur ein kleiner Wachtmeister wie jener in „Minna von Barnhelm“, der seinem Major mit Rat und Tat zur Seite steht und das Herz auf dem rechten Fleck hat.
„Warum ist Juno rund?“ habe der Hauptmann ihn immer gefragt, wenn der Vater ihn im Auto über die langen Alleen des weiten fremden Landes lenkte. „Warum ist Juno rund?“

Der Vater steht in der Küche vor dem Gasherd, und das Kind liest das dort aufgedruckte Wort „Juno“ laut vor, stolz weil es schon lesen kann, und der Vater sagt „Warum ist Juno rund?“, und das Kind lacht, weil es keine Antwort weiß, und auch der Vater nicht. Es gibt keine Antwort.
Dass es sich damals um eine Zigarettenmarke gehandelt hat und nicht um einen Gasherd, wird die Tochter irgendwann später herausbekommen. Ob der Hauptmann damals seinem Wachtmeister eine Zigarette angeboten hat?
Später, als sie in der Schule Büchners „Woyzeck“ lesen, kommt Lena der Gedanke, es könne sich damals bei Vaters „Juno“-Geschichte auch um eine Art Psychoterror aus Langeweile gehandelt haben: Dem Untergebenen Fragen zu stellen, die dieser nicht beantworten kann, weil es keine Antwort gibt. Der junge Wachtmeister lächelt dann wohl jedes Mal unsicher in die

Richtung seines Chefs und zuckt die Schultern. Mann, passen Sie doch auf die Straße auf, prustet der Hauptmann jetzt los und schlägt sich auf die Schenkel, er hat ja die Hände frei und muss das schwere Militärfahrzeug weder lenken noch schalten. War es vielleicht ein Lastwagen? Was haben sie denn eigentlich transportiert?

Das mit der „Reserve" hätte Lena der Archivmitarbeiterin gegenüber schon noch einmal deutlich betonen sollen. Vielleicht gibt es ja gar keine Daten über Leute, die „nur zur Reserve" eingezogen waren, weil die ja nichts wirklich Schlimmes gemacht haben können. Sie standen ja nur sozusagen bereit, falls die regulären Kräfte nicht ausreichen würden. Vielleicht ist es dazu ja gar nicht mehr gekommen, der Vater war ja erst im November 1942 nach Polen versetzt worden. Er war sicher nur in der Verwaltung tätig, ein kleiner Wachtmeister mit einer schönen Handschrift.

Bei der Polizei?, fragt der Kollege in der Schule am anderen Tag, als Lena von ihren Nachforschungen in den Archiven erzählt, dann war er bestimmt in der SS. Lena zieht die Stirn in Falten. Der Himmler habe doch irgendwann die ganze Polizei in die SS reingeholt und ihre Führung mit übernommen. Ja, stimmt, sagt Lena, obwohl sie sich nicht erinnert, dass der Vater jemals so etwas erwähnt hätte. Aber als Geschichtslehrerin will sie nicht unwissend dastehen vor dem Kollegen. Er unterrichtet Wirtschaft und Mathematik und weiß solche historischen Details? Eine Empfindung wie heftiger Hunger breitet sich in Lenas Magen aus, ein Art schmerzlicher Hohlraum. Ist es die Scham über ihr mangelndes Fachwissen? Ist es etwas anderes? Was genau ist es? Warum ist Juno rund? Wer kann das wissen? Und all das andere? Die Archivare in Aachen kennen die Antwort nicht, und auch nicht die in Berlin, an die Lena sich später wendet.

# Mensch ärgere dich nicht

Ob sie wirklich „Mensch-ärgere-dich-nicht“ spielten, daran erinnert sich Lena heute nicht mehr genau.
Jedenfalls sitzt das fremde Mädchen mit Lena an dem runden Tisch in ihrem Zimmer, das sie sich mit der Großmutter geteilt hat, als die noch am Leben war, und auf dem Spitzentischtuch liegt ein Spiel ausgebreitet. Das Mädchen ist größer und älter als Lena, vielleicht schon in der Schule, hat kurzes dunkles Haar – und sie noch die langen blonden Zöpfe –, und sieht mit großen dunklen Augen ernst auf Lena herunter.
„Schpielt's nur schön, gell!“
Nein, es ist nicht die Oma, die das sagt, sie ist ja jetzt tot, und Lena hat das Omazimmer für sich allein, der Vater sieht zur Tür herein. Er lächelt zufrieden oder besorgt – Lena kann es nicht unterscheiden – und wendet sich wieder den Gästen im Wohnzimmer zu, den fremden Leuten, deren Kind jetzt mit Lena an Omas rundem Tisch sitzt.
„Schpielt's nur schön!“
Die Geschichte von Vaters Kriegskameraden ist dem Kind mehrmals erzählt worden. Dieser mutige Mann, Anton K. aus Oberbayern, sei zweimal vorgetreten, als der russische Offizier bei der Entlassungsuntersuchung die Namen der deutschen Gefangenen verlesen habe, einmal für sich selbst und einmal für seinen Kameraden Johann, Lenas Vater.
„I wär' fei sonst noch Sibirjen 'komma“.
Verstand Lena damals, dass sie selber in diesem Falle wohl gar nicht auf die Welt gekommen wäre, weil nur wenige Kriegsgefangene von dort nach Deutschland zurückgekommen sind, die meisten lange nach Lenas Geburt? An den Gesichtern der erzählenden Erwachsenen mag sie erkannt haben, dass „Sibirjen“ etwas Gefährliches, möglicherweise Tödliches bedeutete.

Der Tod war dem Kind nicht fremd. Es wurde viel gestorben in der Familie. Kurz nacheinander waren die Großmutter und der sportliche Onkel Jörg, Mutters geliebter einziger Bruder, gestorben, beide an Krebs. Immer wieder zerrte das Kind die Hand der Mutter in Richtung des Leichenschauhauses auf dem Friedhof, um die Toten anzusehen. Und zuhause legte es die Puppen in passende Schuhkartons und „begrub" sie unter dem Tisch mit dem lange über die Tischplatte hinab hängenden Spitzentischtuch.
„Der Doni hod mir prakdisch 'as Leb'm g'redded!"
Der Vater wäre vermutlich nicht mehr zurückgekommen aus „Sibirjen".
Lena würde sich diesen Kriegskameraden Anton K. gerne genauer anschauen, er muss ja dem Vater sehr ähnlich sehen, sonst hätte der russische Offizier doch die Täuschung bemerkt. Aber das Kind wagt nicht das Zimmer zu verlassen, um ins Wohnzimmer hinüber zu gehen, wo er und seine Frau mit den Eltern beim Kaffee sitzen.
„Dann wär' der Doni sofort derschoss'n word'n. Der hod a Schneid g'habt!"
Spielen wir doch endlich weiter, sagt die Tochter des Kriegskameraden.

Warum der Johann offenbar für „Sibirjen" bestimmt war und der Doni nicht, danach hat Lena nicht gefragt. Vielleicht war der Doni krank und konnte nicht arbeiten für die Russen. So etwas hatte das Kind einmal nebenher aufgeschnappt, aber es passte nicht. Denn in Wirklichkeit ist ja wohl eher der Vater krank gewesen während der Gefangenschaft. So richtig gesund war er ja nie gewesen. Andere Väter hatten ihren Kindern das Schwimmen und Radfahren beigebracht, das Kind versuchte es mühsam allein. Und der sportliche Onkel Jörg starb, noch ehe die Zeit fürs Schwimmen und Radfahren gekommen war.

Wahrscheinlich spielen die beiden Mädchen dann wirklich „Mensch-ärgere-dich-nicht“, den ganzen Nachmittag, von den Eltern in Lenas Kinderzimmer verbannt, in dem noch die alten dunklen Möbel der Oma stehen, und der runde Tisch mit dem Spitzentischtuch. Vermutlich wollen sie alleine sein, ohne die Kinder über die alten schweren Zeiten reden, darüber, was damals wirklich geschehen ist und was die Kinder niemals erfahren dürfen.

„Dass dia zwoa Madeln so schee schpui'n mitanand'!“

Vielleicht hatte Lena aber schon das neue Spiel mit den Plastikhütchen, „Fang' den Hut“, und will dem fremden ernsten Mädchen die lustigen bunten Männchen vorführen, die so viel mehr Heiterkeit ausstrahlen als der düster blickende dunkel gekleidete Mann mit dem bleichen Totengesicht auf der altmodischen „Mensch-ärgere-dich-nicht“-Schachtel? Der kam bestimmt aus „Sibirjen“.

Du bist dran, sagt die Tochter des Kriegskameraden.

Irgendwann beim samstäglichen Bad muss das Kind die Narbe unter der nackten Achselhöhle des Vaters entdeckt haben. Das Baden war ein beinahe festliches Ritual, der Vater holte Holz und Kohlen aus dem Keller, Stunden vorher wurde mit dem Heizen begonnen, in der Küche roch es nach Kuchen und Putzmitteln, das Kind hatte meist mitgeholfen beim Backen und Saubermachen, damals lebte die Großmutter noch. Seit der Ersten Kommunion ging Lena samstagnachmittags zur Beichte, meist zusammen mit den katholischen Freundinnen. Die evangelische Nachbarin aus ihrer Klasse stand dann immer hämisch grinsend auf der inneren Querlatte ihres Gartenzauns im Haus gegenüber und behauptete, keine Sünden zu haben, da sie ja

nicht zu beichten brauchte! Ihr noch junger Vater stand daneben und lachte mit. Aber ich bin danach alle meine Sünden los, ätsch, wird Lena gerufen haben. Das ist schön, gar keine Sünden zu haben.
Jetzt zieh' doch endlich, du bist dran!

Die Narbe sei vom Impfen, hatte der Vater Lena damals erklärt. Damit war sie zufrieden, besaß sie doch ebenfalls eine kleine Impfnarbe auf der rechten Brustseite. Hatte der Kinderarzt sie nicht deshalb so geschickt angebracht, unterhalb des bald wachsenden Busens, damit dieser sie später einmal verdecken würde? So ähnlich wird es auch beim Vater gewesen sein: Was unter der Schulter versteckt ist, sieht man nicht.
Wahrscheinlich hat Johann dem Kind diese Geschichte erzählt, mit unbefangenem Lachen, mit dem heiteren Stolz eines späten Vaters auf seine hübsch geratene kleine Tochter.

Spielen wir endlich weiter?
Jahre später wird die Studentin in einem fachwissenschaftlichen Buch im Historischen Seminar der Tübinger Universität die beiläufige Information finden, alle Mitglieder der SS hätten eine Blutgruppentätowierung unter der Schulter eingebrannt bekommen, auf ewig gezeichnete Angehörige der Elitetruppe des Führers. Manche hätten sie nach dem Krieg operativ entfernen lassen, um ihre Entnazifizierung zu erleichtern. Auch der Vater? Die Russen hätten alle deutschen Gefangenen mit einer solchen Nummer zum Arbeitseinsatz nach Sibirien geschickt. Nur wenige seien, nach Jahren, zerbrochen an Leib und Seele, zurückgekommen.
Mit den zärtlichen Erinnerungen einer Tochter an den einfühlsamen Vater, der ihr das Lesen, Singen und Beten beigebracht hatte, bringt Lena diese trockenen Fakten aus der Seminarbibliothek zu diesem Zeitpunkt nicht in Zusammenhang.

An einem Herbsttag, kurz vor Semesterbeginn, entschließt sich Lena, mit dem kleinen gebrauchten Auto, das der Vater ihr zum Examen geschenkt hat und das er bei jedem ihrer Besuche sorgfältig von oben bis unten in der Garageneinfahrt des Hauses in der Gartenstadt wäscht, zu Anton K. nach Oberbayern zu fahren, zu Vaters Kriegskamerad. Auf dem Weg über die Schwäbische Alb dämmert es schon, und Lena will über Nacht bei den Eltern Station machen, Augsburg liegt ja auf dem Weg, und auf einen Tag kommt es nicht an. Auf dem Küchentisch der Eltern liegt der schwarz umrandete Brief von Frau K.: „Schdell' dir vor, jetz isch d'r Doni g'schdorben, der wo mir domols s'Lebn gredded hot! Der hot a Schneid g'habt!"

Jahre später findet die erwachsene Lena im Telefonverzeichnis des oberbayerischen Kurorts einen Mann, der den Namen von Johanns Kriegskameraden trägt. Es ist der Sohn, sagt er, als sie anruft, offenbar ein Nachkömmling in Lenas Alter, der nicht viel weiß, weil sein Vater lange tot ist. Lena fährt über die Alb nach Süden, in die schönen bayerischen Berge, da ist sie lange nicht mehr gewesen. In der gemütlichen Wohnstube bietet Frau K. der neugierigen Fremden Kaffee und Kuchen an und erzählt ihr freundlich von den Sehenswürdigkeiten des Ortes. Zwei Sätze notiert sich Lena, als sie wieder im Auto sitzt: „Eana Vodda is a höhers Viech gwesn. Eana Vodda hot neamand nix dua." Ein paar Tage später am Telefon, als sich Lena nochmals für die Gastfreundschaft bedankt: „Eana Vodda is scho in da EssEss gwesn."

# Eine braune Pappschachtel

Die Schachtel ist aus hellbraunem stabilem Karton, sauber geheftet, etwa 20 auf 40 Zentimeter breit, und zehn hoch. Auf dem Deckel klebt ein Adressenschildchen aus Papier, die aufgedruckten Worte „Feldpost“ und „Absender“ kennzeichnen die entsprechenden Felder, die Tintenschrift ist etwas verblasst. Der Absender ist Lenas Onkel Jörg, der einzige Bruder der Mutter. Adressiert hat er das Päckchen an Lenas Vater Johann in Posen, Wienerstr. 1/W.4. Was könnte darin gewesen sein?
Seit vielen Jahren befindet sich die Schachtel in Lenas Kellerschrank mit den Nachlasspapieren der Eltern, vermutlich seit dem Tod der Mutter. Denn nach dem Tod des Vaters, viele Jahre vorher, war sie ihr nicht aufgefallen. Damals, als Lena den Wehrpass in Händen hielt, den Polizeiführerschein „aus 'm Griag“, den Warschauer Stadtplan mit dem eingezeichneten Ghetto und den merkwürdigen rotbraunen Flecken, sind keine Fragen in ihr aufgestiegen, nur vage Empfindungen: Dass die Mutter ihr diese Dinge nach Vaters Tod vielleicht ganz gerne mitgegeben hat, damit sie endlich weg sind, aus dem Haus, zusammen mit dem toten Mann und seiner ganzen Geschichte: „Ford mit Schad'n!“ Den Satz sagte die Mutter gern.
Heute aber, auf der Suche nach Fotos und anderen Dokumenten für ihren Geschichtsunterricht, aus jener geheimnisvollen Zeit „vor'm Griag“, in der das Leben der Eltern so ganz anders gewesen sein muss, heiterer und fröhlicher, beschwingt und jung – heute entdeckt Lena zufällig diese Pappschachtel mit dem Adressaufkleber, und auf einmal kommen die Fragen.
Was hat der Onkel dem Vater damals nach Posen geschickt? Den Soldaten sandte man eben Päckchen, die hatten ja nix Gescheites zum Essen, mitten im Krieg im fremden Land, denen machte man eine kleine Freude mit Tabak oder Schokolade, ja genau!

So wird es gewesen sein.
Aber, denkt Lena heute, die Deutschen waren doch die Besatzer, denen – im Gegensatz zu den verjagten und misshandelten Polen und Juden – alle Versorgungsmöglichkeiten offen standen? Wieso ist die Schachtel überhaupt hier? Hat der Onkel sie vielleicht gar nicht abgeschickt, weil der Vater doch überraschend zum Heimaturlaub entlassen worden war? Oder hat er die Schachtel wieder mit nach Hause gebracht, stabil und also wertvoll wie sie war? Vielleicht diente sie als Verpackung für ein Gegengeschenk an den Schwager, ein Kristallglas für die Schwägerin, etwas „Angeeignetes" aus einer besetzten jüdischen Wohnung, einen Silberlöffel vielleicht?
An so etwas dachte Lena damals nicht, nach Mutters Tod, als sie die Schachtel, zusammen mit Gebetbüchern und Silbermünzen, im Elternhaus eingepackt haben muss. ...
Und jetzt liegt die Schachtel vor ihr, mit den sauber mit Bleistift geschriebenen Sütterlinbuchstaben auf dem Adressaufkleber: Wienerstraße 1/W4. Wieso gab es in Posen damals eine Wienerstraße? Waren die Straßennamen nicht polnisch? Haben die Deutschen sie umbenannt? Und wieso W4? Heißt das „Wohnung vier"? Standen keine Namen auf den Türschildern? Vielleicht wurden die Häuser für die Besatzer neu erbaut, von polnischen Zwangsarbeitern, und durchgezählt, weil ja die Bewohner wechselten, je nach Einsatzplan und militärischer Notwendigkeit.
Die braune Pappschachtel ist immer noch stabil und brauchbar, doch was darin war, bleibt ein Geheimnis. Lena wird sie aufbewahren als Dokument: Der Vater hat da wirklich gewohnt. Das alles ist wirklich geschehen.
Vielleicht wird sie doch irgendwann einmal in die Stadt Poznan reisen und die Wiedenska Ulica suchen, und dann vor dem Haus Nummer eins mit der Wohnung Nummer vier stehen, wenn es sie noch gibt. Vielleicht wird Lena erst dann glauben, dass es

dieses Haus wirklich gegeben hat, und dass das alles so gewesen ist, mit Johann, dem Vater, und Posen. Das alles.

***Bild 2: Wasserwerk am Hochablass***

## Waldwege

„Geh weg!“, ruft der Vater, „Guck, do schdet’s doch: Geh weg!“ Das Kind an seiner Hand kichert, es kann schon lesen, es hat das Schild gesehen: „Du betonst dees ja ganz falsch! Dees ist doch z’samma g’schrieb’n: Gehweg!“ „Ach so“, sagt der Vater. Dann reißt das Kind sich los und rennt den Weg entlang, der diesen Teil des Siebentischwalds schnurgerade durchschneidet, bis zum Wasserwerk am Hochablass. Der Vater kann das Kind kaum noch einholen, oder er tut so.

Für Lena ist das Wasserwerk ein Märchenschloss, gelb mit hohen schmalen Fenstern, hinter denen geheimnisvolle Maschinen ihre Arbeit tun. Turbinen sagt der Vater, metallisch glänzen sie durchs Fensterglas zwischen den kunstvoll verzierten Metallrahmen.

Ein paar Sommer später wird das Kind – wie all die anderen Spickel-Kinder – vergeblich versuchen, in dem reißenden Wasser des Eiskanals zu schwimmen – den gelernten Schwimmbewegungen zum Trotz wird die Macht des Wassers die Kinder einfach mit sich fortreißen. Spätestens am letzten der quer über den Kanal gespannten Stahlseile muss sie sich gut festhalten, um nicht in die Industriekanäle der Stadt getragen zu werden, wo man zwischen mächtigen Walzen zerquetscht werden kann. Frisch davon gekommen rennen sie dann alle die hundert Meter am Kanal entlang zurück in den Wald, um sich erneut in die Fluten zu werfen, zehn oder zwanzig Mal an einem warmen Sommernachmittag.

„Da machen’s an Strom“, sagt der Vater, „der is’ g’fährlich! Neulich hot er mi’ faschd ’naufg’haut beim Lamp’n auswechs’ln“. Dass aus diesem gefährlich reißenden Wasserstrom, der unter dem Märchenschloss hindurchtobte, jener elektrische Strom wurde, der zuhause ebenso „g’fährlich“ war und einen jederzeit „naufhaun“ konnte, war ein bisschen schwer vorzustellen für

ein Kind. Aber Lena hat dem Vater geglaubt, wie all seinen anderen Geschichten auf ihren langen Spaziergängen, in den Wald und in die Stadt. Er war eben der Vater, der große breitschultrige Mann mit dem Hut und dem langen Mantel, auf den blauen Gehwegschildern, gerade hier im geheimnisvollen Wald. In dem flachen, lang gezogenen Gebäude längs des Kanals wohnen Menschen, die Wasserwerker, Stromerzeuger, die Märchenprinzen. Ein Klassenkamerad des Kindes stammt aus diesem Haus. Der Michel geht jeden Morgen den langen geraden Weg durch den Wald in die kleine Pavillon-Grundschule im Spickel, und mittags zurück. Er fürchtet sich nicht vor den wilden Tieren, die es im Wald gibt. Einmal sieht das Kind mit dem Vater zwei fremdartige Tiere, plötzlich stehen sie mitten auf dem Radweg und sehen den beiden erschrockenen Radfahrern direkt ins Gesicht, bevor sie blitzartig im Gehölz verschwinden, große stolze Katzen. „Des san Luchse", sagt der Vater. Er kennt den Namen. Kein Grund zur Beunruhigung, denkt das Kind.
Immer zieht es den Vater zu dem mächtigen Stauwehr, das er im Krieg bewachen musste. In lang vergangenen Zeiten hätten die angreifenden Bayern es einmal zerstört, erzählt er dem Kind, und die reiche herrliche Stadt sei beinahe völlig im Wasser versunken! Das darf nicht noch einmal passieren.
Als der Vater jung war, „em Griag halt", musste er da Wache halten, weil feindliche Flugzeuge Bomben abwerfen und die Brücke über den Fluss hätten zerstören können.
Ein Foto, das die Tochter nach dem Tod des Vaters fand, zeigt einen jung aussehenden Mann mit Tschako und Polizeimantel, im Hintergrund das Stauwehr und der Fluss.
„Dia Bondon do hammer baud, dass unsr'e Soldad'n nieberkomman", sagt der Vater, „dees war fei ned ung'fährlich", und das Kind nickt, ohne genau zu verstehen. Aber es fragt nicht nach. Der Vater war ein wichtiger Mann damals, vielleicht ein Held.

Später wird es im Französischunterricht das Wort „pont" oder „ponton" für Brücke lernen, aber dabei nicht an den Vater denken, der „dia Bondon" gebaut hat.
Jetzt, „noch 'em Griag", spaziert das Kind an der Hand des Vaters geruhsam über die mächtige Betonbrücke, die das Stauwehr zusammenhält. Der Vater hat alles gut bewacht. Ein Glockentürmchen in der Mitte der Brücke warnt vor Hochwasser und anderen Katastrophen, vielleicht auch vor „'m Griag"?
Lena sieht erschauernd hinunter auf die hinabstürzenden Wassermassen und hält die Hand des Vaters fest. Ein unbedachter Schritt, und sie fiele hinab in den tosenden Strom und würde von den brausenden Wellen mitgerissen! Das Kind stellt sich die Eltern vor, über den kleinen Sarg gebeugt, ihre bitteren Tränen der Reue über die manchmal zu strengen Erziehungsmethoden, jetzt, angesichts des toten Kindes, das ihr Alles war, ihre einzige Hoffnung „noch'm Griag", dem Hunger und den vielen Toten. Hätten sie doch die Bitten und Fragen des Kindes ernster genommen, als es noch am Leben war! „Wer hod dir denn jetzt den Floh ins Ohr g'setzt?" – so reagierte der Vater normalerweise, wenn das Kind etwa darum bat, Radfahren zu lernen, oder Flöte zu spielen wie die anderen Kinder, und dann später Klavier.
Und jetzt wäre es zu spät. Der tosende Strom hätte das Kind geholt.

Aber Lena ist lebendig und fröhlich, an der Hand des Vaters. Das Wasserwerk ist noch immer ein Märchenschloss und der Vater hat das Kind auch diesmal wieder beim Rennen eingeholt. Wie immer werden sie miteinander über die lange Betonbrücke gehen, hinüber ans andere Ufer des breiten Flusses, wo es einen Kiosk gibt, ein Eis oder eine Limonade für das Kind. „Rad weg!" wird der Vater an der nächsten Weggabelung auf ihrem Rückweg rufen, „tu doch dees Rad'l endli' weg!" Und das Kind wird ihm jauchzend vor Vergnügen versichern, es habe doch gar

kein Rad dabei! Ob er das denn nicht sehe? Und ob er immer noch nicht richtig lesen könne?
Dass der Vater in Wirklichkeit doch lesen kann, weil er ja an gewöhnlichen Tagen Bücher und Zeitschriften druckt, in der kleinen dunklen Werkstatt am Rand der Altstadt, weiß das Kind. Es ist ja schon dort gewesen, und manchmal bringt der Vater Bücher mit nachhause: Mit Heiligenlegenden und frommen Traktaten aus Vaters „Druckerei-Verlag Hans Rösler“ lernt Lena lesen und ein bisschen schreiben, lange bevor die Schule anfängt.
Aber heute ist Sonntag! „Ach so“, sagt der Vater deshalb ein wenig beleidigt, „dees hoaßt ja Rad’weg, dees is ja z’samm-g’schrieb’n.“

# Saubere Madln

Wie oft hat sie den Vater diese Geschichte erzählen hören? Lena versucht sich an die Tage zu erinnern, wenn Onkel Heinrich zu Besuch war, Vaters Lieblingsbruder und ihm im Alter am nächsten, der ihm bei einer kniffligen Arbeit im Garten oder in der Keller-Werkstatt zur Seite stand. Im warmen Heizungskeller durfte das Kind manche winzige Schraubenmutter aufdrehen – „du host so kloane Finger“ – oder mit spitzem Pinselchen Farbe an die schwer zugängliche Innenkante eines Fensterrahmens oder Öl an einer Fahrradkette auftragen – „do kommst du fui besser hi“.
Nach dem Abendbrot, von der Mutter anschließend im Wohnzimmer serviert, geriet der sonst schweigsame Vater ins Erzählen, der Onkel bot Zigarillos an und breitete eine Landkarte über den Tisch oder blätterte den Zugfahrplan auf. Er war Lokführer und konnte mit seinen „Freifahrtscheinen“ viel reisen. Gerne hätte er Johann, den jüngeren Bruder, häufiger mitgenommen, aber dem fehlte fast immer das Geld. „Bist hald bloß a Arbeider word'n, gell!“, lachte er dann. Und so reisten die Brüder eben „mit'm Finger auf der Landkart'“, und oftmals zurück in die Vergangenheit, die Zeit „em Griag“, oder „vor em Griag“.
Lena hatte sich dann längst mit den Puppen in ihre Spielecke zurückgezogen und schnappte nur manchmal zwischendurch Unverständliches auf, wie eben jene Geschichte von den „sauber'n Madln“. Da habe man eben nichts machen können. Der Vater habe ja noch gefragt, was denn mit diesen ganzen Leuten geschehen soll, die am Bahnhof auf die Lastwägen verladen wurden. Der Hauptmann habe seinen Wachtmeister drohend angesehen, er wisse doch Bescheid? Der Johann habe genickt, wollte aber nicht ohne weiteres aufgeben, da seien doch „a paar ganz saubere Madln“ dabei!

Es seien ganz einfach zu viele gewesen, hat der Onkel an dieser Stelle seufzend eingeworfen und an seinem Zigarillo gezogen, er habe sie ja als Lokführer immer abholen müssen, „mit mein'r Maschin'", vom Ghetto in Litzmannstadt, „zügeweis'!"
Das Kind in seiner Spielecke stellt sich die Züge vor, vorn die starke Lok, vom Onkel Heinrich gesteuert, geheimnisvoll, in längst vergangenen Zeiten in einem fernen fremden Land. Was für Leute? Wohin hat der Onkel sie gebracht? Und wieso waren es so viele?
Spätestens hier dann die strenge Stimme der Mutter über „den G'stank, den dia Mannsbilder scho widd'r mach'n mit ihre Zigarr'n!", und ihre kräftig zupackende Hand „jetz' kommsch aber, gell", das Kind wurde in der Küche zum Geschirrabtrocknen gebraucht.

Jahre später bekommt der Vater nach mehreren vergeblichen Anträgen endlich eine Kur im Allgäu bewilligt. Seine chronischen Atemwegsbeschwerden, Spätfolgen einer Erkrankung aus der Kriegsgefangenschaft, haben sich durch die schädlichen chemischen Stäube in der Druckerei verschlimmert und gelten nun als Berufskrankheit.
An einem Sonntag besucht Lena ihn zusammen mit der Mutter. Die trägt ein nicht mehr neues, aber immer noch elegant und gepflegt aussehendes Kostüm und hat der Tochter extra für diesen Anlass ein buntes Sommerkleid geschneidert und dazu passende Seidenstrümpfe gekauft. Aber die heranwachsende Tochter weigert sich, auf ihre geliebten ausgewaschenen Hosen und weit herabhängenden Pullover zu verzichten, wie sie die Mädchen in der katholischen Jugendgruppe von Sankt Wolfgang neuerdings tragen. Und sie geht barfuß in „Jesuslatschen", statt in hochhackigen Pumps. Alle Bitten und Schmeicheleien der enttäuschten modebewussten Mutter nützen nichts.

Schon von Weitem sieht Lena den Vater am Bahnhof der kleinen Kurstadt stehen, ein großer schlanker Mann im Sonntagsanzug, umgeben von anderen Kurgästen, die auch auf ihre Angehörigen aus der Stadt warten. Dicke Frauen in bunten Sommerkleidern, einige im Dirndl, Männer in Janker und Lederhose. Der Zug hält, die Mutter, im Schneiderkostüm, den Strohhut leicht schräg auf den sorgsam frisierten Dauerwellen, steigt das Waggontreppchen hinunter. Der Vater winkt, lacht, strahlt vor Freude. Dann fällt sein Blick auf die Tochter. Lena sieht, wie seine Züge erstarren, sein Gesicht bleich wird, die Mundwinkel zucken. Seine Blicke gleiten über das verwaschene Graublau ihrer Hosen, den ausgeleierten Halsausschnitt ihres Pullovers, die neuerdings sehr kurz geschnittenen Haare.
Später beim Kaffee sagt der Vater wie beiläufig zur Mutter: „Wo hat's denn des neue Sommerkleid'l? Wo doch heut' Sonndag is! Und sie kannt' doch so a sauber's Madl sei!"

# Eine Weihnachtsgeschichte

Eine Zeitung sucht „die andere Weihnachtsgeschichte“ aus ihrem Leserkreis. Ereignisse sollen erzählt werden, die wirklich passiert sind, und die nicht in das Klischee von einer „heilen Welt“ passen, das in der Adventszeit in den Medien so häufig gedankenlos reproduziert wird.
Der Vater, denkt Lena beim Lesen der Zeitungsnotiz, natürlich, der Vater. Sein Tod damals, ein paar Tage nach Weihnachten. Bilder tauchen auf.
Der Vater in dem großen alten „West-Krankenhaus“, am anderen Ende der Stadt, das einmal ein Militärhospital gewesen ist und noch immer so aussieht. Hohe Eisenzäune, ein in den Angeln quietschendes verrostetes Tor, der endlose asphaltierte Hof, peinlich sauber gekehrt, ohne Baum und Strauch, wie eine Aufmarschfläche, die grauen Hauswände mit den weißen Luftschutzkellerpfeilen und den hohen schmalen Fenstern, die schwere alte Holztür, der scharfe Geruch von billigem Putzmittel im Treppenhaus, die kalten Steinstufen, das kahle rechteckschmale Zimmer schließlich, in dessen hinterster Ecke der Vater liegt, halbseitig gelähmt, mit einem stummen Lächeln, als Lena das Zimmer betritt. Beim Mittagsschlaf habe den Vater der Hirnschlag ereilt, noch ehe die Mutter ihn wie immer, seit er Rentner war, zum Nachmittagskaffee hatte wecken können. Beim Versuch, vom Sofa aufzustehen, sei er gestürzt und die Mutter habe erschrocken den Hausarzt gerufen, dann: der Notarztwagen, das Krankenhaus, die Ungewissheit.
So hat sie es Lena am Telefon erzählt.
Wie viel nimmt der Vater wahr von seiner trostlosen Umgebung? Lena weiß es nicht. Haben sie ihn überhaupt gefragt, die Mutter und Lena? Sprechen kann er nur wenig, und sie müssen sehr genau zuhören, um zu verstehen, was er meint. Was er von ihren Worten mitbekommt? Alles, sagt die Mutter.

Über eine Stunde muss die Mutter mit der Straßenbahn von der Gartenstadt Spickel durch die ganze Stadt fahren, wenn Lena nicht mit dem Auto kommt und sie mitnimmt. Die Mutter besucht ihren Mann jeden zweiten Tag, sechs Wochen lang. Und die Tochter ist nur manchmal dabei, einen Tag oder ein paar Stunden. Die Mutter fühlt sich allein in dem Haus in der Gartenstadt, das sie in den dreißiger Jahren mit dem Vater gebaut hat und in dem sie Lena groß gezogen haben, das späte einzige Kind, das nach 15 Ehejahren ganz unerwartet doch noch kam, „noch em Griag".
Lena fährt mit ihrem kleinen Auto immer nur für einen Tag über die Schwäbische Alb, ohne im Elternhaus zu übernachten. Manchmal, wenn sie in den Semesterferien längere Zeit zuhause war, um als Schreibkraft bei Siemens Geld zu verdienen, kam der Schlaf in dem kleinen Dachzimmer oft erst gegen Morgen, und fast erleichtert stand sie dann auf, um mit dem Fahrrad durch den morgendlichen Siebentischwald zu fahren, ohne Frühstück meistens. Und am Abend, wenn sie ihr Fahrrad bei der Rückkehr im elterlichen Keller verstaute, sah sie mehrmals nach, ob der alte Eisenriegel der Kellertür auch wirklich vorgelegt war, klapprig und unsicher kam sie ihr vor, jederzeit könnte jemand Fremder eindringen in der Nacht!
Ein überlebender KZ-Häftling, den Lenas Geschichtskollegin einmal für einen Vortag vor den Schülern eingeladen hatte, erzählte hinterher beim Mittagessen, wie er den Denunzianten, der nach dem Krieg noch immer in der gestohlenen Wohnung lebte, so verprügelt hatte, das er im Krankenhaus starb. Den Schülern wollte er das natürlich nicht sagen, meinte er lachend, es sei ja eine Straftat. Aber Lena spürte Zustimmung und verstand.
Den Eltern sagte sie damals nichts von ihren Ängsten, aber manchmal hatte sie das Gefühl, der Vater wisse Bescheid. Auch er prüfte die Tür immer genau.

Bei ihren Besuchen im Krankenhaus begegnete sie den Ärzten des Vaters mit stets neuen Ideen und Aktivitäten, die ihn retten sollten: Rehabilitationsmaßnahmen, alternative Heilungswege – alles erfolglos. Ob sie Medizinerin sei, fragt mancher Arzt genervt, oft um das Gespräch zu beenden. Lena ist lästig mit ihren neugierigen Fragen zu den Gehirnfunktionen, zu Medikamenten, Ernährung, Krankengymnastik.
Und zuhause in dem großen leeren Haus in der schönen Gartensiedlung sitzt die Mutter und würde sich wahrscheinlich freuen, wenn Lena ihr stattdessen einmal einfach tröstend die Hand hielte.
Das tut die Tochter nicht. Gerade hat sie die Universität erfolgreich abgeschlossen und steht vor der Entscheidung, Lehrerin zu werden oder eine Doktorarbeit zu schreiben. Der Vater hat gehofft, dass sie jetzt endlich zurückkommen würde in die Heimatstadt, nach fünf Jahren, nach so langer Zeit, viel zu lange für ihn.
Ganz gesund war er nie, „seid em Griag hald, des Scharlach in d'r G'fangenschafd" ... Und jetzt geht seine Kraft zu Ende, er kann nicht mehr warten.
Aber das Kind kommt nicht zurück. Stattdessen fährt Lena mit einer Studentengruppe in die DDR, um sich das dortige Schulsystem anzusehen in die Vergangenheit des Vaters – ohne es zu wissen. „Was hast Du dort vor, wohin fährst Du denn genau, und warum?", hätte er fragen können. „Da bin ich am Kriegsende in russischer Gefangenschaft gewesen", hätte er sagen können, in der Nähe von Frankfurt an der Oder. Dieses Gespräch hat es nicht gegeben.
Das Weihnachtsbild: Lena erinnert sich an die tapferen Versuche der Mutter, doch noch alles so festlich zu gestalten wie immer. Nach dem nachmittäglichen Besuch beim Vater im Krankenhaus will sie mit der Tochter zusammen Würstchen mit Kartoffelsalat essen und Wein trinken und eine kleine Bescherung machen, so wie es immer war.

An einen Baum erinnert sich Lena nicht. Den hat immer der Vater geholt.
Hätten sie den Vater nicht heimholen können zu Weihnachten? Hat Lena der Mutter damals diesen Vorschlag gemacht? Er im alten Ohrensessel in der Wohnzimmerecke, den Baum mit den Kerzen vor Augen, die Tochter mit der Flöte, die Mutter mit der Lesebrille: „Leise rieselt der Schnee".
Im Garten vor dem Fenster aber ist die Erde braun mit ein bisschen grünem Gras, kein Schnee, nirgends.
Und der Vater kann ja nicht mehr gehen, sagt die Mutter, vielleicht nicht einmal sitzen. Ein Rollstuhl? Aber die Wohnung liegt im ersten Stock. Das Erdgeschoss des Elternhauses ist vermietet, an fremde Leute, sagt die Mutter. Sie hatten immer gewünscht, dass Lena dort einmal einziehen würde, mit Mann und Kindern, die es nicht gab. Wie schön hätte sie es doch haben können! Lange Spaziergänge im nahen Siebentischwald, Schwimmen im Eiskanal und neuerdings in einem modernen Hallenbad. Hatten die Eltern das Haus nicht einzig und allein für sie gebaut, das ersehnte Kind? So war es doch!
Dass Lena damals in den Dreißigern ja noch gar nicht geboren war, das alles spielt jetzt keine Rolle.
Lena ist weg gegangen und kommt nicht zurück. Das ist die Wahrheit.

Die Tränen des Vaters, der sich verschämt abwandte, als der Jugendfreund klingelte, um Lena und ihre Kisten mit seinem geräumigen Auto nach Tübingen zu fahren – warum hat Lena ihn damals nicht getröstet? Ich komme doch zurück! Wusste Lena damals schon, dass sie nicht wiederkommen würde, nie mehr? Das Mädchenzimmer sah ausgeräumt aus, die Bücherregale halb leer. Nur die alten Möbel der Großmutter standen auf ihren Plätzen wie immer.

Dabei gewesen sind sie beide nicht, als der Vater starb, kurz nach Weihnachten, Lena nicht und auch nicht die Mutter. Er war allein. Keine Kameraden um ihn, wie damals „em Griag", wo ihn das Muttergottes-Medaillon in mancher Todesgefahr gerettet hat. Und keine russischen Ärztinnen, die ihn ins Leben zurückgeholt hatten, als er mit schwerem Scharlach im Gefangenenlager in der Nähe von Frankfurt an der Oder lag.

Ein zweiter Hirnschlag habe den Tod verursacht, sagen die Ärzte. Lena erinnert sich an die plötzliche Sorge der Mutter, keine schwarze Kleidung im Schrank zu haben. Nach den Feiertagen machen viele Läden Inventur und man kann nichts kaufen. Darüber weiß die ehemalige Textilverkäuferin genau Bescheid. Wenn sie am Telefon den Verwandten und Freunden vom Tod des Vaters erzählt, weint die Mutter jedes Mal heftig. Das „ständige Studieren" der Fahrpläne und Landkarten habe ihm „das Hirn kaputt gemacht". Wohin der Vater denn reisen wollte, hat sie nicht gewusst. Die Mutter wiederholt den Satz immer wieder, bekommt vielleicht die eine oder andere Bestätigung am anderen Ende der Leitung.
Lena ist irritiert, über die Begründung, aber noch mehr über das Weinen der Mutter. Hat sie sich nicht vor ein paar Tagen noch über den Onkel Heinrich abfällig geäußert, der am Krankenbett seines Bruders weinte, zusammen mit seinem Sohn, Lenas Cousin? Zu Lena hätte sie, wie immer, gesagt: „Hör auf zum plärra, sonst fangschd nommal oine!" Dann blieb immer nur die Flucht ins Zimmer der Großmutter. Die sagte einfach gar nichts. Sie machen dann doch alles, was zu tun ist, miteinander, die Mutter und Lena. Schwierig ist es nicht, Beistand gibt es genug: der alte katholische Gemeindepfarrer, der Buchdruckergesangverein „Typographia", die Gewerkschaftskollegen, die Verwandten des Vaters aus Niederbayern und der Oberpfalz. Ein kalter klarer Tag, der Friedhof in der Nähe des Bahn-

betriebswerks, wo der Vater aufgewachsen war, in der Dienstwohnung des Lokführer-Großvaters, Morellstraße 26.
Vor dem zerbombten Haus lagen damals die unversehrten Körper seiner toten Eltern, während er als Polizist in Posen war. So hat es die Mutter dem Kind immer wieder erzählt. Beim Luftangriff auf die Heimatstadt im Februar 1944 habe ihnen die Druckwelle der Bombe die Lungen zerrissen, ihnen und all den anderen Hausbewohnern im Luftschutzkeller.
Der Vater hat sich von seinen toten Eltern nicht verabschieden können, erst im Herbst 1945 kam er zurück aus der russischen Gefangenschaft.
Die Geräusche seiner Kindheit begleiten den Vater ins Grab: die quietschenden Räder der Rangierloks auf den Schienen, das Rumpeln beim Be- und Entladen der Waggons mit Kohle oder Kies im Bahngelände hinter dem Hermanfriedhof. Die Buben hatten sich manchmal verbotenerweise drangehängt, um ein Stück mitzufahren, bis ein wütender Arbeiter sie verjagte. „Dees wor a Sach!“ Der Vater lachte, wenn er Lena davon erzählte, seine Augen strahlten.
Jahre später lebt auch die Mutter nicht mehr und es ist still über den Gräbern. Das Bahnbetriebswerk muss aufgegeben oder umgesiedelt worden sein.
Schade, denkt Lena jetzt, dass ich damals nicht einfach zur Mutter sagen konnte: Ja, wir holen den Vater nach Hause. Ja, ich komme zurück. Ich mache meine Arbeit, egal ob Schule oder Forschung, einfach hier bei dir, in der Heimatstadt. Ja, wir beide pflegen den Vater miteinander.
Von einer Tante, der Klosterschwester in ihrer alten Schule, erfährt Lena viel später, den Vater hätten seine Erlebnisse „aus em Griag, wo er doch do in diesem Pos'n gwes'n is“, bis zuletzt nicht losgelassen. Noch im Krankenhaus habe er zur Mutter davon gesprochen, kurz vor seinem Tod. Das habe Marie der Tante, ihrer Cousine, erzählt und dabei ein wenig geweint.

Davon hat Lena nichts gewusst. Nie.
Und in ihrem Text, den sie als „die andere Weihnachtsgeschichte“ an die Zeitung weitergibt, wird davon nichts stehen.

# Ein riesiger Lastwagen – Traumfantasie

Lena hat sich mit einer Kommilitonin zum Mittagessen in der Mensa verabredet. Und obwohl sie pünktlich zur vereinbarten Zeit da ist, hat die Freundin schon gegessen. Lena fragt nicht nach dem Grund, ist aber enttäuscht, empfindet das Verhalten der Freundin als Verrat. Sie haben sich länger nicht gesehen und Lena hat sich so darauf gefreut, mit ihr zusammen zu essen! Sie hat viel zu erzählen, und sie möchte wissen, wie es der Freundin geht.

Hastig holt sich Lena einen Teller mit Essen an der Theke und trägt ihn zum Tisch, an dem die Freundin sitzt. Obwohl es noch nicht spät ist, gibt es nicht mehr viel Auswahl, Lena nimmt irgendetwas. Die Freundin zieht die Stirn in Falten, als daure ihr das alles viel zu lange. Vielleicht ist sie innerlich schon beim Kaffee, denkt Lena, den es in einem stilleren Nebenraum gibt. Da können wir dann vielleicht in Ruhe reden. Ich muss mich beeilen!

Auf dem Weg zum Tisch lässt Lena plötzlich den Teller fallen. Er liegt auf dem Boden, in der Mitte durchgebrochen, das Essen aber wie unversehrt auf den beiden Teilen, Trinkglas und Flasche rollen zur Seite ohne zu zerbrechen.

Lena erschrickt, versucht sich aber zu fassen. Wenn es mir jetzt gelänge, einfach einen neuen Teller zu holen, denkt Lena, wäre die Situation vielleicht noch zu retten! Aber das scheint schwierig zu sein, vermutlich gibt es gar nichts mehr! Sie hat Hunger und fühlt sich sehr verlassen. Ob die Freundin vielleicht ...? Die nickt: Ja, sie wolle schnell nach oben gehen und nach einem neuen Teller für Lena sehen! Wieso nach oben, denkt Lena noch, die Theke ist doch ..., aber da ist die Freundin schon verschwunden. Lena kauert sich auf den Boden, um ihr Mittagsmahl zu schützen, um sie herum laufen andere Studenten mit ihren Essenstellern, sie unterhalten sich laut und achten nicht

auf Lena. Zwei Frauen mit einem Servierwagen kommen, sie wollen aufräumen, offenbar ist es jetzt wirklich schon spät. Aber wir haben uns doch früh genug verabredet, denkt Lena verzweifelt. Das kann doch alles nicht wahr sein! Wo ist denn jetzt die Freundin mit dem neuen Teller?
Die Frauen schieben den Wagen genau auf die Stelle zu, wo Lena vor ihrem zerbrochenen Teller kauert. Offenbar ist sie im Weg! Die Frauen sagen nichts, aber sie erwarten sicher, dass sie den Platz endlich frei macht. Lenas Herz klopft schneller, sie beginnt zu schwitzen.
Aber dann müsste ich ja die Einzelteile getrennt weg tragen, sagt Lena und sieht die beiden Frauen hilfesuchend an, haben Sie vielleicht ein Servierbrett? Salz- und Pfefferdöschen liegen verstreut auf dem Boden herum, das Besteck, die Serviette ...
Aber die Frauen scheinen sie nicht zu hören, ungeduldig und mit bösen Gesichtern schieben sie den Wagen immer näher auf Lena zu.
Endlich kommt die Freundin zurück, doch ohne Teller! Lenas Enttäuschung und Verzweiflung werden immer größer: Aber du weißt doch, wo es die Teller gibt, ruft sie der Freundin zu. Diese schüttelt mit einer kleinen höflichen Bewegung den Kopf und zuckt die Schultern. Dann wendet sich an die beiden Frauen mit dem Servierwagen, die sie irgendwie zu kennen scheint: Sie wüssten doch sicher auch ...? Der Rest ihres Satzes geht im Klappern des Geschirrs und Gesprächsfetzen der Essenden unter. Es ist zu spät, durchfährt es Lena, ganz einfach zu spät.
Sie wird kein Essen mehr bekommen, auch wenn sie noch so sehr beteuern würde, rechtzeitig da gewesen zu sein! Niemand wird ihr glauben.
In diesem Augenblick kommt ein riesiger, altmodisch aussehender Lastwagen angefahren, vorne und hinten mit Doppelbereifung, offenbar muss er etwas anliefern oder abholen. Vielleicht das schmutzige Geschirr, denkt Lena, das die beiden

Frauen auf dem Servierwagen einsammeln. Ja, das wäre vernünftig. Aber wieso ist er denn hier drin, mitten im Speiseraum? Und woher kommt er denn so plötzlich?
Der Fahrer des Lastwagens kann das Essen, das noch immer makellos vor Lena auf dem Boden liegt, von seiner Kabine aus nicht sehen und fährt beim Rangieren geradewegs darüber. Die Flasche und das Trinkglas knirschen unter seinen Rädern. Er kann nichts dafür, es ist nicht seine Schuld.
Die Freundin beginnt bei diesem Anblick jetzt plötzlich zu lachen, wird immer lauter, kann sich kaum halten vor Vergnügen. Die Frauen mit dem Servierwagen lachen mit, am Ende auch alle anderen Umstehenden: Was für eine lustige Szene! Was für ein dummes Missgeschick!
Dann endlich schlägt Lena die Augen auf, mit großer Anstrengung gelingt es ihr. Es ist nicht kalt, aber jammerstill, und schon wieder erwacht sie mit Tränen.

# Fräulein Moniuszko

Das einzige Renaissance-Rathaus nördlich der Alpen stünde in Augsburg, hatte Lena schon als Kind in der Schule gelernt: Ein hoch aufragendes Gebäude mit klassischen Formen, erhaben in Stil und Komposition, zeugt es noch immer von Stolz und Macht vergangener Geschlechter. Auf dem großen freien Platz vor dem Rathaus, wo die Patrizier in vergangenen Zeiten bei Tanzfesten oder Prunkmählern ihren Reichtum und ihre Lebenslust zur Schau gestellt haben mochten, saß Lena manchmal im Bertele, dem älteren der beiden Cafés, deren Tische sich über die freie Fläche verteilen, und schaute den Jugendlichen zu, die sich auf den breit geschwungenen Stufen des Brunnens zu Füßen des Stadtgründers niedergelassen hatten. Jahre später würde sie ein kunstvoll geschwungenes Gitter davon abhalten.

Fühlt sich Lena deshalb in der polnischen Stadt, die sie als Lehrerin auf einer Studienreise besucht, so unerwartet heimisch, weil dort ganz überraschend ebenfalls ein Renaissance-Rathaus auftaucht – kleiner zwar, unausgeglichener im Verhältnis von Türmchen und Fassade, ein bisschen fremd, aber doch seltsam vertraut?
Die Reiseführerin verweist auf die vielfältigen deutschen Einflüsse in Posen, das mittelalterliche Bistum, Migrationsbewegungen und Grenzverschiebungen in beiden Richtungen – die nationalsozialistische Besatzungszeit spart sie aus.
Lenas Vater war 1942 hierher versetzt worden als Angehöriger der Polizei, und lange nicht zurückgekommen, vielleicht zu einem kurzen Urlaub beim Tod des Schwiegervaters kurz vor Weihnachten 1944. Ein knappes Jahr später kam er aus der russischen Gefangenschaft, in die er im Januar geraten war. Genaueres ging aus seinen Notizen nicht hervor, die Lena nach seinem Tod gefunden hatte.

Er hat der Tochter nie etwas über diese Zeit erzählt. Und sie hat ihn nie gefragt.
Als Lena in dem Plattenladen gegenüber dem Rathaus nach einem Werk von Stanisław Moniuszko fragt, schüttelt die Verkäuferin mit einem bedauernden Lächeln den Kopf. Gerade habe sie die letzte Platte an einen anderen deutschen Touristen verkauft.
Lena ist zu spät gekommen.

Irgendjemand hat ihr diesen Komponisten empfohlen, ganz typisch sei er für die polnische Klaviermusik: leidenschaftlich und melancholisch.
Es tue ihr wirklich leid, sie liebe diese Musik auch sehr, sagt die Verkäuferin. In ihren stark geschminkten Augen inmitten vieler kleiner Fältchen blitzt kurz etwas wie ein jugendliches Feuer auf. Moniuszko schließe einem ja geradezu das Herz auf, auch wenn er vielleicht künstlerisch nicht so differenziert sei, technisch nicht so brillant wie sein großer Landsmann Chopin. „Schoppen" hört Lena die Frau sagen, auf der ersten Silbe betont, polnisch, nicht französisch. Er war ja Pole. Sie müsse manchmal weinen, wenn sie seine Klavierstücke höre, vor Schmerz und vor Glück!
Lena wundert sich, ist ein wenig verwirrt. Sie will jetzt nicht weggehen. Hinter ihr drängelt ein Tourist aus ihrer Reisegruppe. Trotzdem fragt sie die Verkäuferin, woher denn ihr gutes Deutsch komme? „Meine Mutter", das Lächeln verfliegt aus dem Gesicht der Plattenverkäuferin, „meine Mutter hat für die Deutschen gespielt, jeden Abend, in einer Piano-Bar nur für Wehrmachts- und Polizeiangehörige. Die Stücke von Moniuszko hörten die Deutschen besonders gern. Für Polen und Juden war der Zutritt verboten, außer den Künstlern und dem Personal natürlich – das waren wir."
„Ja," sagte Lena, „und ... spielt Ihre Mutter noch immer?" Der drängelnde Kunde hinter ihr hat sich inzwischen wieder den

Plattenständern zugewandt. Schweigend schüttelt die Polin den Kopf. „Sie ist gestorben, als ich gerade mal ein Jahr alt war. Sie war krank, wissen Sie. Medizin gab es ja nur für die Besatzer, die Soldaten und Polizisten mit ihren Familien. Und sie musste ja spielen bis zuletzt, jeden Abend, und tagsüber hat sie saubergemacht bei den Deutschen."
Nach einem Vater wagt Lena die Verkäuferin nicht zu fragen – hätte der nicht helfen können? Vielleicht war er ja ein Deutscher, einer der Besatzer, die das Spiel des schönen polnischen Fräuleins in der Piano-Bar so liebten?
An ihren Vater habe sie keine Erinnerung, sagt die Verkäuferin jetzt, als hätte sie Lenas Gedanken erraten. Eine ältere Cousine, die als ganz junges Mädchen in der Piano-Bar bediente, habe ihr einmal angedeutet, dass ihre Mutter den Namen nicht preisgeben wollte, auch dem Mann habe sie seine Vaterschaft nicht offenbart. Es habe sie ja auch niemand danach gefragt. Solche Dinge passierten manchmal in diesen Zeiten. Die Cousine habe sich an einen großen schlanken Mann in Polizeiuniform erinnert, der beinahe jeden Abend in der Nähe der schönen Pianistin gesessen sei. Oder er stand über das Klavier gebeugt, einen Arm aufgestützt und wünschte sich ein Lied zum Mitsingen: „Lili Marleen" oder „In einem Polenstädtchen". Manchmal spielte die Mutter ein Stück von Stanisław Moniuszko, den kannte der Deutsche nicht. Er habe aber immer leise mitgesummt, und einmal habe er sich sogar zu ihr hinabgebeugt und die Noten für die Pianistin umgeblättert: Mein Fräulein Moniuszko, habe er dabei in ihr Ort geflüstert. Offenbar war dieser Deutsche musikalisch – Polnisch konnte er nicht, Panna Moniuszka hätte er sonst sagen müssen, lacht die Verkäuferin, aber die Mutter wird ihn verstanden haben.
Ich muss wieder! Sie zuckt die Schultern und wendet sie sich dem nächsten Kunden zu, die Schlange der deutschsprechenden Touristen ist länger geworden.

Als Kind war Lena einmal mit dem Wunsch nachhause gekommen, das Klavierspielen zu lernen. Die Mutter einer Freundin besaß ein Klavier und begleitete oft die Lieder der Mädchen, die von überallher aus der ganzen Gartenstadt zu ihr kamen. Lena lernte mit der Freundin zweistimmig zu singen, einfache Melodien vom Blatt, Klavierstunden hätte sie dort vielleicht auch bekommen. Für so etwas hätten sie kein Geld, wehrte der Vater die Bitte des Kindes ab, basta. Seine Stimme nahm dann diese ungewohnte Härte an: „I denk jo goar need dro!" pflegte er abschließend zu sagen, und damit war die Sache erledigt, ein für alle Mal. Zum darauf folgenden Weihnachtsfest schenkte der Vater Lena dann ein kleines Glockenspiel, auf dem sie mit Begeisterung einfache Liedchen spielte. Es umfasste nur zwei Oktaven und wurde vom Vater, der es nicht besser wusste, Xylophon genannt, obwohl es Metallplättchen hatte. Später kam ein „Melodica" genanntes Blasinstrument dazu, mit weißen und schwarzen Tasten wie bei einem richtigen Klavier! Es wog schwer und klang nach Akkordeon. Dem Vater schien es leid zu tun, dass er der Tochter das Klavierspielen hatte einst verbieten müssen.
Musikalisch war der Vater ja immer gewesen! „Vor em Griag" seien sie doch gern ins Jazz-Konzert gegangen, in die Operette oder zum Tanzen in den Ludwigsbau, so hat es die Mutter immer erzählt.
Noch immer sang er jeden Dienstagabend im Männerchor der „Gesellschaft Typographia". Sonntags erklang sein Tenor in den feierlichen Gottesdiensten im Dom oder in der Ulrichsbasilika, und an seiner Seite sang Lena, das Kind, ihre eigenen Lieder, in einer Phantasiesprache aus dem Amerikanisch der Kindergartenkinder und den geheimnisvollen Kirchenwörtern des Vaters, in ihrer eigenen Melodie.
Aber manchmal saßen sie am Abend in der Küche zusammen, nach dem Essen, die Mutter mit ein paar löchrigen Socken und

Stopfgarn, und das Kind mit den Buntstiften vor einem großen Papierbogen aus der Druckerei, den der Vater für Lena „angeeignet“ hatte. Wenn dann die Stimme des Rundfunksprechers ein Klavierkonzert aus dem Herkulessaal der Münchener Residenz ankündigte: „Es spielt Otto Klemperer“, dann drückte der Vater noch vor dem ersten Anschlag fast panisch die Ausschaltetaste: „Scho wieda der Glempara, der Jud! I konn des Geglempa net hör'n“. Lena sah zur Mutter hin, die sich konzentriert ihrer Näharbeit widmete und schwieg.
Und „em Griag?“ Hatte Fräulein Moniuszko in Posen für den Vater gespielt?

## Die Postkarte

Irgendwann taucht in einer Buchbesprechung, die Lena (...)in einer historischen Fachzeitschrift liest, der Begriff „Polizeibataillone" auf.
Gerade ist der Bestseller eines jungen amerikanischen Wissenschaftlers erschienen, der den Deutschen eine flott geschriebene Neuauflage des alten „Kollektivschuld"-Vorwurfs beschert, Daniel Goldhagen. Schon vor dem Erscheinen der deutschen Übersetzung, nur nach Vorabdrucken in Zeitschriften, überschlagen sich die Rezensenten mit ausführlichen und überschwänglichen Lobpreisungen. Lena hält sich lieber an die schon länger bekannte, kenntnisreiche Detailstudie des englischen Historikers Christopher Browning über ein Hamburger Polizeibataillon, dessen Mitglieder nachweislich an der Ermordung jüdischer Zivilisten im besetzen Polen beteiligt gewesen waren, „ordinary men". Eine klar abgegrenzte saubere Quellenforschung mit aufschlussreichen Zitaten und Belegstellen über das Verhalten und Denken der Akteure, im Gegensatz zu der pauschalisierenden These des jungen Amerikaners von den, das ganze deutsche Volk umfassenden, „Hitler's willing executioners".
Der Begriff „Polizeibataillone" selber kommt Lena sprachlich irgendwie unsinnig vor, waren Polizisten doch normalerweise nicht an Kampfeinsätzen beteiligt – es muss also eine Erfindung der Nazis gewesen sein. Offenbar war der Begriff den Alliierten bei ihren Entnazifizierungsprozessen durch die Maschen ihrer Fahndungsnetze gegangen, so jedenfalls die plausible These ernstzunehmender jüngerer Forscher: „He was a member of the ordinary police", hat Lena einmal im Bericht über einen Fragebogen der Spruchkammern der US-Besatzungsmacht gelesen.
„Die Polizei, dein Freund und Helfer" – ein Propagandaplakat der Nazis, auf dem ein freundlich blickender Polizist mit Tschako und Uniform einem Kind über die Straße hilft, fällt Lena ein.

Die konkreten Namen jener „braven Familienväter“ aus Hamburg und die exakt recherchierte Beschreibung ihrer konkreten Taten an konkreten Orten, teilweise mit alten Landkarten belegt, beeindrucken Lena und lassen sie das Buch des Engländers lange nicht aus der Hand legen.
Bei der „Hilfspolizei“ sei der Vater gewesen, während des Krieges, hat die Mutter immer erzählt. Zunächst habe er den „Hochablass“, ein Stauwehr des Lechs in der Nähe des elterlichen Hauses vor feindlichen Angriffen bewachen müssen, „Bondon“ hatten sie gebaut, um den Fluss notfalls überqueren zu können, später dann bewachte der Polizist offenbar irgendetwas Ähnliches in Polen.
Ein friedliches Leben mitten im Krieg stellt sich Lena vor: Am Sonntagmorgen nach dem gemeinsamen Frühstück mit der jungen Ehefrau in die nagelneuen schwarzen Lederstiefel gestiegen, ein kurzer Spaziergang durch den Wald zum Stauwehr – wie oft hatten die schäumenden Fluten des breiten Flusses das Kind bei sonntäglichen Spaziergängen an der Hand des Vaters gleichermaßen geängstigt und fasziniert – und dann irgendwann die Abordnung nach Posen, wo die Juden damals „leider“ die Straßenbahn nicht benutzen durften; so erzählte es die Mutter immer mit bedauernder Miene, wenn sie von ihrem einzigen Besuch bei ihrem Ehemann im fremden Land berichtete.
Die Postkarte liegt im Briefkasten, kurz nachdem der Vater das lang ersehnte Rentenalter erreicht hat. Lange hat er auf die Einführung der „flexiblen Altersgrenze“ seiner sozialdemokratischen Regierung gewartet, richtig gesund war er schon lange nicht mehr. Vielleicht noch ein paar schöne Jahre, kleinere Reisen in die Berge, das ist es was Lena manchmal hört, das wünscht sich der Vater.
Und nun diese Postkarte! Ein Mann, dessen Namen Lena nie gehört hat, schreibt aus Thüringen, dass er inzwischen Rentner geworden ist und endlich reisen darf. Er will seinen alten Kriegs-

kameraden im Westen besuchen, vielleicht auch das westliche Wunderland bestaunen. Die Tochter hat in der Schule manches über die DDR gehört und wäre neugierig, einmal einen echten DDR-Bürger kennen zu lernen.
Aber der sonst so milde Vater zerreißt die Karte mit wütenden Blicken und wirft die Schnipsel ins Feuer des alten Kohleherds in der Küche, wo sie restlos verbrennen. „Wos buidt si der denn ei? I denk jo gor ned dro!“ Die Mutter nickt zustimmend. Hat sie etwas von diesen armseligen kommunistischen Schmarotzern gesagt, die nur unser Geld wollen? Die Tochter fragt nicht weiter nach. So wird es wohl sein.
In der wissenschaftlichen Literatur über die „Polizeibataillone“ las Lena irgendwann den Satz, in der BRD seien aufgrund der milden Entnazifizierungspolitik der westlichen Alliierten nur ein paar wenige Offiziere aus diesen Kreisen überhaupt angeklagt worden, wogegen in der ehemaligen DDR jeder kleine Wachtmeister oft jahrelang eingesperrt gewesen sei – bis zum Rentenalter vielleicht? „Rottwachtmeister der Reserve“ stand im Wehrpass des Vaters, den Lena nach seinem Tod in seinem Nachlass gefunden hatte.
Und wo stand noch mal dieser Satz, der Begriff „Hilfspolizei“ sei ein anderer Name für die SS gewesen?

# Das dunkelgrüne Hochzeitskostüm

An einem Sommertag fährt Lena mit der Mutter aufs Land, in die schönen Wälder im Westen der schwäbisch-bayerischen Heimatstadt, ihr Freund Jan lenkt das Auto.
Als Kind ist Lena nie mit den Eltern aufs Land gefahren, sie hatten ja kein Auto, und die Straßenbahnen fuhren nur bis an den Stadtrand, von da aus sind sie dann ein bisschen gewandert. Schulausflüge führten manchmal mit einem Bus hinaus vor die Stadt, wo die Kinder „Räuber und Schandi" spielten und danach in einem Metzgerei-Gasthof im Dorf Kartoffelsuppe mit Würstchen essen durften.

Von den „Hamsterfahrten" war zuhause manchmal die Rede, „domols em Griag", wenn Onkel und Tante zu Besuch waren, und über die geizigen Bauern schimpften, die sich ihr bisschen Wurst und ihre paar Eier von den ausgehungerten Stadtleuten teuer bezahlen ließen: die handbestickte Bettwäsche, die edlen Kleiderstoffe, der wertvolle Pelz!
Worum es genau ging, hat das Kind nicht verstanden. Wenn sie nachfragte, sagte die Mutter immer: „Des verstehst du net, des versteh ja i kaum", und das Gespräch war beendet.
An der Wand über dem Wohnzimmersofa hing das Hochzeitsfoto der Eltern von 1937. Das Lächeln des Vaters ist heiter, das der Mutter zurückhaltend. Dass sie ein dunkles Kostüm trägt und nicht, wie Lenas schöne Tante Anna, Onkel Heinrichs Frau, ein weißes Kleid mit weitem Rock und spitzengeschmücktem Dekolleté, fand das Kind schade. Man habe sparen müssen, damals, so die Mutter, das Haus sei gerade fertig geworden und die Hochzeit habe eben „ned viel kost'n dürf'n". Jeden Pfennig hatten die Eltern damals aufgelistet, auf einem Zettel, den Lena viel später in ihrem Nachlass fand: die Würstchen und das Bier für die Trauzeugen, die Trauungs-Gebühren für den katholischen

Pater, die Bahnfahrt zum Kloster Sankt Ottilien, eine Zugstunde von Augsburg entfernt. Und im Übrigen könne man so ein dunkles Kostüm ja immer wieder tragen, zu allen Gelegenheiten, ein weißes ehemaliges Brautkleid jedoch allenfalls bei großen Tanzveranstaltungen.
Was für ein Kleid hatte die Mutter denn getragen, damals bei der „Faschingsredoute“ in der prächtigen „Hochablass-Gaststätte“, jener Märchenschlosswirtschaft im Winterwald, von der sie dem Kind erzählte, wenn sie beim Sonntagsspaziergang durch den verschneiten Siebentischwald an dem alten, jetzt leer stehenden und langsam verfallenden Prachtgebäude vorbeigingen? Wie sie nachts um drei oder vier den geraden Weg mitten durch den Wald zu ihrem neu gebauten Haus in der Gartenstadt zurückgewandert seien, nach dem Tanzvergnügen, Arm in Arm noch die Walzermelodien singend und pfeifend, Marie und ihr Bruder Jörg, als aktiver SA-Mann unabkömmlich bei der Reichsbahn und deshalb vom Fronteinsatz befreit, mit seiner jungen lebenslustigen Frau.
Und der Vater? War er auch dabei? Oder war Johann damals schon in Polen, dienstverpflichtet als „Hilfspolizist“?
Was für ein Kleid trug Marie damals? Doch sicher nicht das dunkelgrüne Samtkostüm? Wohl eher ein richtiges Ballkleid mit enger Taille und tiefem Ausschnitt, der Rock weit und schwingend, so stellte sich Lena die schöne Mutter vor! Und sie erinnerte sich nicht, das dunkle Kostüm jemals an der Mutter gesehen zu haben, sie kannte es nur vom Hochzeitsbild, das eine Zeitlang im elterlichen Wohnzimmer über dem Sofa hing.
Lange Jahre nach dem Tod des Vaters fährt Lena mit der Mutter also an einem Sommersonntag in die westlichen Wälder. Sie will ihrem Freund Jan, der in einem oberbayerischen Dorf geboren und aufgewachsen ist, auch einmal Augsburgs ländliche Umgebung, die westlichen Wälder, zeigen: Schau, wie schön es hier ist!

Der Mutter wird es auch gefallen. Sie kommt so selten aufs Land, ohne Auto, und vor allem – ohne den Vater! Mit ihm zusammen war das anders, vor allem damals mit den Freunden „vor am Griag", in den schönen Zeiten.
In einem hübschen Dorf mit Zwiebelturmkirchlein und festlich beflaggtem Marktplatz machen sie Halt. Kein Spaziergang, das ist der Mutter zu viel. Der Freund steuert den weitläufigen Biergarten mit den hohen Kastanien an, der direkt neben der Kirche liegt: Metzgerei-Gasthof „Zum goldenen Löwen" steht über der Tür, ein stattliches Gebäude im bayerischen Barockstil, mit schmuckvoll gerahmten Fenstern und zwei stolzen Steinlöwen links und rechts des breit geschwungenen Eingangstors. Da bleibt die Mutter plötzlich stehen.
Sie tut sich schon ein wenig schwer mit dem Gehen damals, und als Lena sich ihr besorgt zuwendet, um sie ein wenig zu stützen, sieht sie erschrocken in das bleich gewordene Gesicht der Mutter, die jetzt leicht schwankt. „Naa, do geh' i net nei", sagt die Mutter mit Bestimmtheit, entzieht sich mit einer heftigen Bewegung dem stützenden Arm der Tochter und wendet sich mit unerwartet schnellen Schritten, wie fliehend, zurück zum Auto. Heim wolle sie, nur heim! Jan sieht Lena verwundert an, aber weil diese nicht nachfragt, sagt auch er nichts.
Auf der Rückfahrt schweigt die Mutter lange. Erst als sie die nördliche Vorstadt erreichen und den „Fischerwirt" ansteuern, ein schlichtes Gasthaus im Schatten der Stadtmauern, wo sie schon manchmal zusammen gegessen hatten, beginnt die Mutter zu erzählen, sehr langsam, zögernd.
Der Dorfmetzgerin vom „Goldenen Löwen" habe sie damals ihr Hochzeitskostüm da lassen müssen, maßgeschneidert aus weichem dunkelgrünem Samt, für ein bisschen Butter, etwas Mehl und viel zu mageres Fleisch. Gefeilscht habe die Bäuerin um jedes Gramm, wohl wissend, dass die Stadtleut' die Sachen nötig hatten, um nicht zu verhungern.

Und ein paar Jahre später sei die Metzgerin eines Tages erhobenen Hauptes zum Rübsamen hereinmarschiert gekommen, in dem die Mutter damals die Abteilung für Kurz- und Modewaren leitete, das dunkelgrüne Samtkostüm über ihre fülligen Formen gezerrt, und wollte sich unbedingt von ihr ganz persönlich beraten lassen: Eine reinseidene Bluse sollte es sein, selbstverständlich mit Spitzen! Und dazu passten natürlich auch diese simplen Bakelitknöpfe an der Kostümjacke nicht mehr. Ob sie ihr nicht einen anderen Knopf heraussuchen könne, der nicht gar so billig aussieht?
Zu ihrer Hochzeit hatte die Mutter damals genau diese Knöpfe mit der schlichten modischen Form sorgfältig nach ihrem Geschmack ausgesucht und die Schneiderin, die ihr das Hochzeitskostüm nähte, überzeugen können.
Der Freund bestellt Fisch für alle. Einen kleinen Biergarten gibt es auch in der Stadt, nicht nur beim „Goldenen Löwen".

# Masken

Heute wird Lena den Gautsch-Brief des Vaters von der Wand nehmen.
Viele Jahre hing er in ihrem Arbeitszimmer, kunstvolle altdeutsche Kalligrafie in rot, schwarz und silber. Das Siegel unten links hält eine Bleiletter fest, was das Einrahmen ein wenig schwierig machte. Vorsichtig musste Lena damals, als sie das Papier in Vaters Nachlass fand, eine kleine Vertiefung in den Hintergrundkarton schneiden. „Von Gottes Gnaden wir Jünger Gutenbergs des Heiligen Römischen Reichs" haben den Gesellen ins Wasser getaucht und somit „in alle Rechte und Privilegien des Kaisers Friedrich III. eingesetzt". Es folgen die Unterschriften des Gautschmeisters und seiner Helfer. Im Jahr 1926 wurde Johann, der junge Buchdruckergeselle, in die Reihe der „Schwartzkünstler" aufgenommen, mitten zwischen den beiden großen Wirtschaftskrisen der Weimarer Republik.
Dabei hat er doch eigentlich Eisenbahner werden wollen. Und Polizist ist er auch einmal gewesen.
Zwei Karnevalsmasken, schwarz und rot, hat Lena irgendwann über die linke obere Ecke der schönen alten Urkunde gehängt, sie passten farblich gut zu den klaren Farbtönen der alten Schrift.
Neben dem Gautsch-Brief hängt seit langem ein Collage mit Fotos des alten Augsburg vor der Zerstörung durch die Bomben: romantische Gässchen, mittelalterliche Türme und Fassaden, von der Sonne gemaltes Schattenspiel in schwarz und weiß. Lena erinnert sich genau an diese alten Häuser der Kindheit, die sie aber ja gar nicht gekannt hat.
Als das Kind die Heimatstadt zum ersten Mal durchwandert, Mitte der Fünfzigerjahre an der Hand des Vaters, sind all diese Häuser viele Jahre lang vollkommen zerstört gewesen und dann,

„noch em Griag“, wieder von Grund auf neu erbaut worden, oft im alten Stil der Renaissance oder des Mittelalters.
Keines der Originalgebäude auf den alten Fotos hat Lena wirklich gesehen, ihre ganze Kindertraumwelt an der Hand des Vaters – ein gut inszeniertes Remake vergangener Zeiten, eine Ansammlung von Masken!
Das weiß das Kind nicht, es hüpft und singt, es ist glücklich an der Hand des Vaters.
Es ist ja seine Stadt, unzerstörbare Heimat von alters her. Die Karnevalsmasken hätte sie besser über diese Fotocollage hängen können, denkt Lena heute, als sie den Gautschbrief von der Wand nimmt, dazu hätten sie gut gepasst – zur Geisterstadt, Maskerade.
Die wenigen noch sichtbaren Ruinen, wie das ehemalige Bischöfliche Palais gegenüber dem Dom, beunruhigten das Kind damals nur wenig, das sicheren Weges an der Hand des Vaters ging. „Des wird scho no g'richtet, des is hald no kapudd, vielleicht hod's brennd bei dene. Des kost' hald a Geld“. Und durch die Bombentrichter im Siebentischwald, die den nahen Messerschmitt-Flugzeugwerken gegolten haben mögen, ist Lena mit den andern Kindern aus der Gartenstadt fröhlich auf den Tretrollern oder Fahrrädern gerollt, hinunter und wieder hinauf, es war ein Spaß!

So wie es keine zerstörte Stadt gibt, gibt es auch kein zerstörtes Vaterbild, die Masken halten dicht.
Ein gut aussehender Mann in Uniform sieht von dem Foto im Schreibschrank auf das Kind herab, das sich Papier zum Zeichnen holt, große Bögen, „angeeignet“ vom Vater in der Buchdruckerei, wo er arbeitete. Wieder dieses komische Wort, denkt das Kind. Was war da mit dem Silberlöffel? Aber der Vater lächelt, er hat das viele Papier ja extra für das Kind mitgebracht, „vom Gschäfd“.

Mein Vater war ein schöner Soldat. Hat das Kind so gedacht? Irgendwann wird Lena das Foto umdrehen und lesen: „Weihnachten 1943", mit Bleistift in Vaters sauberer Sütterlinschrift geschrieben. Da ist er seit mehr als einem Jahr in Posen als Polizist und schickt es an seine Frau, Marie, zu Weihnachten, vielleicht weil er keinen Heimaturlaub bekommen hat. Die Kindsväter mögen vorgezogen worden sein, und Johann hatte damals noch kein Kind, anders als seine vier Brüder.
Lena kam viel später, sieben Jahre nach Kriegsende, zur Welt, in die unzerstört scheinende Stadt!

Es ist möglich, denkt Lena, und nimmt die alten Fotos von der Wand, dass der Vater in Polen etwas (...) gesehen oder getan hat, das alle menschliche Vorstellungskraft übersteigt, das er niemals vorher denken oder fühlen oder gar tun wollte. Ob es so war, und was es genau war, wird sie nie erfahren, nie. Jedes Mitglied der sogenannten „Ordnungspolizei" konnte Aufseher eines Ghettos oder eines Eisenbahntransportes sein, liest die Studentin später in der Fachliteratur – auch eines Konzentrationslagers oder einer Gaswagen-Kolonne?

Das schönste Foto der Mutter, das die Tochter nach ihrem Tod im Nachlass findet, ist jenes, das sie ihrem Mann als Gegengabe nach Posen geschickt haben muss, zu Weihnachten 1943: die hübsche junge Marie, mit sanftem Lächeln und hochgestecktem Haar – was für schöne Menschen sind sie gewesen, „vor em Griag", lange bevor sie meine Eltern geworden sind, denkt Lena heute.
Jetzt sind sie lange tot. Gesund und heiter, wie Frau Sch., die junge Lehrerin und Mutter ihrer Freundinnen in der Nachbarschaft, die aus dem Sudetenland kam und den Kindern schöne Lieder beibrachte, hat das Kind sie selten erlebt. „Wahre Freundschaft soll nicht wanken". Diese Nachbarn hatten ein Klavier, und ein Auto!

Die Fotos der alten Stadt hingen viele Jahre an der Wand, neben dem Gautschbrief des Vaters, die Masken darüber. Irgendwann im Rahmen ihrer Schultheaterausbildung muss Lena sie darüber gehängt haben, ganz unbewusst und ohne Absicht. Sie wollte die Erinnerung bewahren an Johann, den geschichtsbewussten handwerksstolzen Buchdruckergesellen aus der Zeit der Weimarer Republik, der einmal ihr Vater werden sollte, der ihr die Liebe zu schönem Papier, kunstvollen Schriften und edler Bindung vermittelt hat, ein „Jünger Gutenbergs von Gottes Gnaden".
„Vor em Griag war dei' Vadd'r a ganz a and'rer Mensch", hat die Mutter einmal zu Lena gesagt, kurz vor ihrem Tod. Lena hat nicht nachgefragt, wie sie das denn genau meinte. Zu tief saß das Schweigen in den Seelen, zu machtvoll die Angst.
Aber heute wird Lena den Gautschbrief von der Wand nehmen, die Fotos und die Masken. Sie braucht Platz für neue Bilder.

# Ein silberner Löffel

Fünf oder sechs Euro maximal könnte sie dafür bekommen, sagt der Antiquitätenhändler zu Lena, nachdem er den silbernen Löffel auf die kleine Schmuckwaage gelegt hat. Mehr sei er auf keinen Fall wert. Er sehe ja ziemlich ramponiert aus. Dass Lena nicht gewagt hatte, ihn zuhause in die Silberputzlösung zu tauchen, aus Angst, er könnte dann nicht mehr „original" aussehen und deswegen weniger wert sein, wagte sie dem mürrisch dreinblickenden Mann nicht zu sagen. Was verstand sie schon von antiken Löffeln!
Zuvor hatte der Händler mit einem Pinselchen eine Flüssigkeit auf den Rand des Löffels aufgetragen, vielleicht um den Silbergehalt zu bestimmen, so wie bei dem vorigen Kunden mit der Brosche. Smaragd, hatte der Kunde mit osteuropäischem Akzent gesagt, es sei ein echter Smaragd! Der Fachmann hatte die Stirn kraus gezogen und den grünen Stein gegen das Licht gehalten. Dann schüttelte er energisch den Kopf: vollkommen unmöglich! Ein Smaragd sei das nie und nimmer. Auf dem Schächtelchen, in dem die Brosche gelegen hatte, las Lena den Namen eines bekannten Modeschmuckherstellers. Warum warf der Händler den aufdringlichen Kunden nicht einfach hinaus? Aber er blieb höflich bis zuletzt, Schmuck lasse sich leider immer schwer verkaufen, dankte er dem Kunden freundlich.
Und jetzt lässt er seinen Zorn über diesen Betrüger an mir aus, denkt Lena, als der andere Kunde endlich verschwunden ist, und der Antiquar etwas wie „höchstens 800" murmelt, und den Löffel vor Lena auf den Ladentisch legt.
Dass sie ihn gar nicht verkaufen wolle, sondern nur etwas erfahren über Alter und Herkunft, hatte Lisa schon zweimal gesagt, aber er schien es gar nicht zu hören. Leider funktioniert die Türklingel gerade nicht, sagt er dann noch – hätte er Lena vielleicht gar nicht hereingelassen, wenn sie geklingelt hätte?

In diesem Augenblick kommt eine ältere Frau die Wendeltreppe aus dem Untergeschoss herauf, vielleicht die Mutter des Händlers, und wendet sich freundlich an Lena, ganz die professionelle Geschäftsfrau: Das sei doch ein hübsches Erinnerungsstück, und sauber geputzt könne man es gut als Vorlegelöffel verwenden! Ja, sagt Lena und erwidert das Lächeln der Frau, aber sie wisse so wenig über dieses Erbstück, wo und wann es hergestellt worden sei, ob überhaupt in Deutschland oder vielleicht irgendwo in Osteuropa, das interessiere sie, deshalb sei sie hergekommen. Vermutlich um 1900, mischt sich der Sohn jetzt wieder ein, aber es sei beim besten Willen kein reiner Jugendstil. Mit einer verächtlichen Handbewegung greift er nach der Waage, um sie wegzuräumen. Die alte Dame lächelt. Ja, das habe es früher oft gegeben, dass man ganze Besteckgarnituren auseinander genommen und dieser Nichte oder jener Enkelin ein einzelnes Stück vermacht habe. Putzen Sie es erst mal sauber und dann werden Sie Ihre Freude daran haben! Lena nickt. Sie sollte jetzt wohl besser gehen, denkt sie. Ihr Anliegen interessiert hier niemanden.
In diesem Augenblick entdeckt sie in einer Vitrine direkt neben der Tür sechs Kuchengäbelchen mit dem gleichen Dekor wie auf ihrem Löffel! Nur an der Stelle der schön geschwungenen Initialen, JJ oder FF, schwer zu entziffern wegen der kunstvollen Bögen, glänzte auf den Gabeln in der Vitrine ein kleines erhabenes Oval ohne Buchstaben. Also ist mein Löffel doch wertvoller, als dieser Mensch zugeben will, denkt Lena, als die alte Dame sie ganz unvermittelt fragt, ob sie sich denn keinen Reim auf die Buchstaben machen könne, jemand in ihrer Familie müsse doch so heißen, wenn es ein Erbstück sei?
Lena spürt, wie sie rot wird, und ist froh, als der Händler das Gespräch schroff unterbricht. Das sei ein völlig anderes Besteck, das könne man nicht vergleichen, die Werkstätten hätten auch immer wieder gegenseitig die Muster kopiert und abgewandelt.

Obwohl Lena diese Antwort ziemlich unlogisch und, wie alles davor, ausweichend und abwiegelnd findet, und ein wenig herablassend – warum eigentlich? – gibt sie sich damit zufrieden, hat sich doch so die peinliche Nachfrage nach den Initialen erledigt! Niemand in ihrer Familie trägt diese Anfangsbuchstaben: JJ oder FF. Schnell fragt sie weiter, was sie denn noch tun könne, ob es ... Nein, Kataloge gebe es keine, und – was, im Internet? – der Antiquitätenhändler lacht Lena jetzt ganz offen aus, da werden Sie schon gar nichts finden!
Sie können gerne mit mir herunter kommen, sagt jetzt die alte Dame, und sich ein wenig umsehen. Ohne zu wissen warum, folgt ihr Lena die Wendeltreppe hinab. Unzählige silberne Löffel, Messer und Gabeln lagern in den Kristallglasvitrinen, Einzelteile, Sechsergruppen, ganze Garnituren, alle silberglänzend und mit winzigen handschriftlichen Preisschildchen versehen – vermutlich von der alten Dame in liebevoller Kleinarbeit zusammengetragen, geputzt und ausgezeichnet.
Was will ich da mit meinem albernen einzelnen Löffel, denkt Lena beschämt.
Die alte Dame lächelt noch immer und nimmt ihr Poliertuch wieder zur Hand, als wollte sie sagen: Gehen Sie nachhause und putzen Sie Ihr Löffelchen, junge Frau, dann ist alles wieder sauber und in Ordnung, dann wird alles gut!

Alles wird gut. Niemand hat etwas Böses getan.

Vielen Dank, Sie haben hier so viele schöne Dinge, hört Lena sich sagen und geht langsam die schmale Wendeltreppe wieder hinauf, an dem wie absichtlich zur Seite blickenden Händler vorbei, dem Ausgang zu.

Als Kind hatte Lena den Löffel oft in der Hand gehalten, der so viel edler und schmuckvoller aussah als die schlichten Stücke

des elterlichen Silberbestecks aus den Dreißigerjahren: Eine dreidimensional wirkende Schleife ziert die Spitze des Handgriffs, und aus ihr ragen die herausgearbeiteten Erhebungen wie kleine Äste nach oben, blütenartig gestaffelt lassen sie den Platz frei für die beiden eingravierten Initialen, deren Bedeutung Lena nicht kennt, JJ oder FF. Kleine Kratzer zeugen von häufigem Gebrauch. Das Hochzeitsbesteck der Eltern war hingegen nicht so oft benutzt worden, wurde doch der Vater bald nach der Heirat zum Polizeidienst eingezogen und hatte „da Griag" im besetzten Polen verbracht. Keine Feste, keine Einladungen in das schöne neue Haus in der Gartenstadt.
Bei einem seiner Urlaube muss er den Löffel mitgebracht haben, für die Mutter, als kleines Geschenk aus der Fremde, so etwas glaubte das Kind einmal gehört zu haben. Hatte sie den Vater jemals gefragt, woher der Löffel stammte? Lena erinnert sich nur an ein einziges Wort des Vaters und an diesen Blick, der jedes weitere Nachfragen bei Strafe verbot, eines dieser Vaterworte, die endgültig klangen und unverrückbar: Angeeignet. „Wir haben aber nicht das Recht, auch nur einen Pfennig von dem beschlagnahmten Judenvermögen zu nehmen", hatte Heinrich Himmler in seiner Posener Rede im Oktober 1943 vor SS-Führern gesagt, er habe „von vornherein festgesetzt, dass SS-Männer, auch wenn sie nur eine Mark davon nehmen, des Todes sind. Ich habe in den letzten Tagen deswegen einige – ich kann es ruhig sagen, es sind etwa ein Dutzend – Todesurteile unterschrieben".
Das Zitat fand Lena als Geschichtslehrerin später in einer Quellensammlung zum Nationalsozialismus. Der Vater muss diese Worte gekannt haben. Er war zu dieser Zeit in Posen gewesen, als Rottwachtmeister der Ordnungspolizei.

Der kleine Löffel ist wirklich ein besonders hübsches Erinnerungsstück. Lena wird ihn putzen, ganz sauber, noch heute. Und alles wird gut.

## Staatsdienerin

Auf den Tag genau vierzig Jahre nach der sogenannten Reichskristallnacht, am 9. November, erreicht Lena der Anruf der Mutter. Der Vater sei im Krankenhaus, sie müsse sofort kommen. Wenige Tage zuvor war Lena von einer Studienreise in die DDR zurückgekehrt. Sie hatte sich vorgestellt, wie es wäre, den Eltern bei ihrem nächsten Besuch von dem fremden anderen Deutschland zu erzählen. Das müsste die Eltern doch interessieren! War der Vater nicht bei Kriegsende in Frankfurt an der Oder gewesen, und hatte er nicht von dort den Heimweg aus der russischen Gefangenschaft angetreten, wandernd zu Fuß und in dreckigen zerschossenen Eisenbahnwaggons, hungrig, müde und krank? So hatte es die Mutter immer erzählt, wenn die Rede darauf kam, auf „da Griag". Wie wäre es, die Erinnerungen des Vaters zu vergleichen mit den Eindrücken, die Lena heute von diesem fremden anderen Deutschland mitbrachte?
Aber: Wollte Lena wirklich hören, was der Vater damals erlebt hatte? Sie wollte doch vielmehr dem sozialistischen Staat „Gerechtigkeit widerfahren lassen", wie sie es in der Schule gelernt hatte, zur Zeit der Ostverträge, und später im Studium: die DDR an ihren eigenen Vorgaben messen statt an den unseren, den westlichen.
Das merkwürdige Datum von Vaters Schlaganfall ist Lena damals nicht aufgefallen, die plötzlich notwendige Heimreise unterbrach den gewohnten Lebensrhythmus: die grün-alternative Politik, das Singen für Lateinamerika, eine spannungsreiche Liebesbeziehung, die geplante Doktorarbeit über die Lyrik des jungen Brecht. Vielleicht könnte sie in geheimen Archiven in Ost-Berlin stöbern, unveröffentlichte Originale ans Licht heben, und nebenher die alte Streitfrage der Literaturwissenschaftler beantworten, ob BB wirklich schon in seinen Jugendjahren ein überzeugter Kommunist und seine spätere Arbeit für die DDR

also konsequent gewesen sei, oder ob er – wie die westliche Literaturkritik nicht müde wurde zu betonen – in Wirklichkeit ein kleinbürgerlicher Anarchist, ein verwöhntes Bürgersöhnchen gewesen sei, das sich später nur aus taktisch-egoistischen Gründen dem sozialistischen deutschen Staat zugewandt hatte. Und jetzt hatte sie sich diesen Staat zum ersten Mal aus der Nähe angesehen, unbefangen und vorurteilslos, wie sie glaubte.
Der Vater habe einen Hirnschlag erlitten, ganz überraschend während des Mittagsschlafs. Er sei halbseitig gelähmt, könne nur mühsam sprechen. Die Mutter habe gleich den Hausarzt verständigt, der ihn ins Krankenhaus bringen ließ. Machen könne man wenig. Der Hausarzt, der Lena nach ihrer Mittleren Reife, als sie ins Gymnasium strebte, als Helferin einstellen wollte, muss schon vor Monaten einmal zum Vater gesagt haben, er habe „ja wohl nun sein Leben gelebt".
So wird es die Mutter Lena berichten, da ist der Vater schon ein paar Wochen tot.
Den Eltern hatte Lena nie etwas erzählt von ihren Plänen. Sie warteten sehnsüchtig darauf, dass die Tochter nach vier endlos langen Studienjahren endlich „etwas Anständiges" macht: eine Beamtentätigkeit in der Heimatstadt, zuhause bei den Eltern! Stattdessen war sie nach dem Examen erst mal in die DDR gefahren, gewissermaßen ins Feindesland – was wollte sie dort? Ein Urlaubsland zum Entspannen war das nicht.
Der Anruf der Mutter hatte Tatsachen geschaffen. Lena musste nach Augsburg. Dass es nichts mehr zu erzählen, keine Erfahrungen mehr auszutauschen gab, begriff die Tochter erst, als sie mit der Mutter im Krankenhaus am Bett des Vaters stand. Es war zu spät. Lena hatte sich, den Eltern zuliebe, im letzten Moment für das Gymnasial-Referendariat in der Heimatstadt beworben, kam aber trotz guter Noten auf die Warteliste – hinter die Staatsexamensabsolventen aus Bayern, so die offizielle Begründung.

Die Tochter würde nicht zurückkommen. Und der Vater starb. In ihrer württembergischen Wahlheimat jenseits der Alb bekam Lena sofort eine Stelle.
Am Abend vor Lenas Vereidigung als Studienreferendarin lief ein Film über den Auschwitz-Kommandanten Rudolf Höss im Fernsehen. Am anderen Tag ging Lena im Morgengrauen zum Bahnhof, um den Zug nach Stuttgart zu erreichen, zu ihrer Vereidigung als Beamtin. Woher kam dieses Gefühl, sie müsse nun einen Treueeid auf den deutschen Mörderstaat ablegen, wie Rudolf Höss? Mit den anderen Studenten im Zugabteil konnte sie nicht darüber reden, sie hatten den Film nicht gesehen. Sie aber, Lena, hatte das seltsame Gefühl, sie würde sich nun zum Morden verpflichten, als Gegenleistung für lebenslange Versorgung und Besoldung. Wie Rudolf Höss, der Kommandant von Auschwitz, würde sie selbstverständlich trotzdem in der Lage sein, ein glückliches Leben zu führen, zu heiraten und Kinder zu bekommen – vielleicht gerade deshalb! Höss sei ein besonders liebevoller Vater und Ehemann gewesen, hatte es im Film immer wieder geheißen.
Wie mein Vater, dachte Lena.

So wurde aus Lena eine Staatsdienerin, gebunden an einen Treue-Eid, kinderlos: Eine richtige Studienrätin, wie die beiden alleinstehenden Nachbarinnen aus der Gartenstadt, die jeden Morgen zur gleichen Zeit hoch erhobenen Hauptes durch die Straße zur Bushaltestelle geschritten waren, wenn das Kind aus dem Fenster sah – wenn das die Mutter erlebt hätte! Sie hatte die beiden Damen immer bewundert, vielleicht beneidet: um ihr kinderloses Dasein?

An einem Abend im Herbst wollte Lena einen Fernsehfilm aufnehmen, über die nationalsozialistische Außenpolitik, die sie gerade im Geschichtsunterricht der Oberstufe behandelte. Das

Programm stimmte, auch die Zeit, der richtige Film war im Programmheft angekündigt, Lena hatte das Videoband eingelegt. Alles schien in bester Ordnung. Die Titelmusik der Serie kannte Lena. Aber der Vorspann kündigte eine Dokumentation über die Waffen-SS an. War die historische Serie um eine Sendung verschoben worden? Ein Blick in die Tageszeitung bestätigte Lenas Befürchtung. Und nun?

Die Unterrichtsplanung für den nächsten Tag war jetzt unmöglich, Lena musste sich eine Alternative überlegen, ohne Medieneinsatz! Die Waffen-SS jedenfalls passte nicht in ihr Konzept. Außerdem interessierte Lena das Thema nicht: Männerbünde, Mörderbanden – nichts für ihre spätpubertären Gymnasiasten. Das Thema Nationalsozialismus muss man möglichst emotionslos und mit präzisen Daten anbieten, nur so kam man in einer reinen Jungenklasse durch, so Lenas langjährige Erfahrung in ihrem technischen Gymnasium. Also den Fernseher aus und an den Schreibtisch!

Lena blieb trotzdem sitzen. Sie konnte ja mal ein paar Minuten hineinschauen, das schadet einer Geschichtslehrerin nicht. Vielleicht könnte sie den Film für einen anderen Zweck verwenden? Und im Übrigen – es gab ja Zusammenhänge zur Außenpolitik, dem Thema der morgigen Stunde! War nicht die SS für die gesamte Organisation und Bewachung der Konzentrationslager zuständig, und waren die nicht vorwiegend im „Ausland“? Aber gehörte Polen nicht zu dieser Zeit längst zum so genannten Großdeutschen Reich? Wieso also „Außenpolitik“?

Lena ärgerte sich über das aufkommende Durcheinander in ihrem Gehirn. War sie noch immer nicht in der Lage, dieses Thema mit der notwendigen Sachlichkeit und Distanz vorzubereiten? Wieder einmal hatten die Medien, zu denen sie in Fällen drohenden emotionalen Engagements gerne ihre Zuflucht nahm, sie im Stich gelassen. Und dann ausgerechnet dieser blödsinnige Film! Marschierende Horden, die Lieder immer

knapp an der richtigen Tonart vorbei gegrölt. Obwohl der Zusammenhang zu Lenas Thema ihr immer mehr abhandenkam und sie noch mindestens eine abendliche Schreibtischstunde vor sich hatte, um passende Quellen zur NS-Außenpolitik herauszusuchen und methodisch aufzuarbeiten, blieb sie vor dem Fernseher sitzen. Offenbar gab es Überschneidungen in den Aufgabenbereichen der Waffen-SS mit dieser merkwürdigen Hilfspolizei, die, relativ spät rekrutiert für sogenannte nicht militärische Dienste, Lena während ihres Studiums immer etwas undurchsichtig geblieben war.
Er sei nur bei der Hilfspolizei gewesen, hatte der Vater damals gesagt, als Lena noch Schülerin war und wohl nachgefragt haben muss, nur Anwärter der Partei, nie Mitglied.
Nichts Schlimmes also.

Als Lena am nächsten Morgen wie immer um halb sechs aufstehen wollte, fühlte sie sich vollkommen erschöpft. Sie gähnte etwas unkontrollierter als üblich, und wieder einmal passierte es: die altbekannte Kieferluxation! Panik, Schmerzen, nicht sprechen können und trotzdem nach einem geeigneten Arzt suchen müssen, der den Kiefer wieder einrenkt. Schon mehrfach war Lena das passiert, immer in Stress-Situationen. Eine Freundin aus der Wohngemeinschaft fuhr Lena in die Zahnklinik.
Wer nicht sprechen kann, kann auch keine Unterrichtsstunde über die SS halten.

# Schnee an Allerseelen

„Das Fotografieren und das Ablegen von Gestecken am Grab ist vor der Beerdigung anzumelden“, kündet ein Schild deutlich sichtbar am Eingang der Aussegnungshalle des Westfriedhofs. Lenas Freundin, deren Mutter hier begraben werden soll, zupft ihren Neffen eilfertig am Arm: „Sagsch's dene glei, wenn oiner rauskommt, gell!“, und zu Lena gewandt, aufgeregt: „Hosch du dees g'wussd?“ Der Sargträger hat eine Uniform mit einer Art Polizistenmütze und einen gleichgültigen Gesichtsausdruck, mürrisch nickt er dem Jungen zu.
Lena hat „dees“ noch nie gehört, und auch was jetzt kommt: Ein schräger Geigenton von irgendwo ganz weit oben! Lena dreht sich um und schaut hinauf: Da steht ein alter kleiner Mann halb verdeckt unter den Arkaden einer Galerie, die das mächtige Gewölbe der Halle trägt, und spielt mit bemüht einschmeichelndem Timbre „Guten Abend, gut' Nacht“, begleitet von offenbar elektronisch erzeugten Orgelklängen. „Errichtet im Kriegsjahr 1915“ steht in etwas klobigen Jugendstillettern auf den sonst kahlen Wänden der Galerie, direkt unterhalb des Geigenspielers. Dann öffnen sich vorne wie von Zauberhand zwei Türen und geben den Blick auf den blumengeschmückten Sarg frei. Früher sei der dann immer von einer wackeligen Mechanik nach unten hinabgelassen worden, sagt die Freundin, wie im Theater, und lacht dabei.
Früher? Nein, so war das früher nicht, als Lena ein Kind war, jedenfalls nicht im Nordfriedhof, wo die Großeltern begraben sind: Keine Schilder mit drohend-amtlichen Anweisungen, keine Musik von der Konserve, nicht diese einschüchternde Halle, diese Herrschaftsarchitektur der Gründerzeit, in der ein einsamer alter Geiger hinter Arkadenbögen verschwindet, nein! Aber wie war es denn dann? Früher? Lena versucht sich an die zahlreichen Totenfeiern ihrer Kindheit zu erinnern: Fast jedes

Jahr starb ein Onkel oder eine Tante, zuletzt die geliebte Oma. Traurig waren die Begräbnisfeiern immer, aber doch auch schön, Beklemmung und Geborgenheit zugleich fühlte das Kind – nur die Wörter dafür kannte Lena damals nicht.
Jetzt kommt der November, da gehen die Menschen auf den Friedhof, sagt die Lehrerin. Franz und Liane sitzen nebeneinander in einer der hinteren Reihen, das Mädchen trägt eine graue Schürze, kurze geflickte Hosen der Junge. Beide sind blass und sprechen, wenn überhaupt, dann nur miteinander. Jetzt aber hebt Franz die Hand: Was ist ein Friedehof, Fräulein Waldmann?
Lena wundert sich: Wieso wissen die das nicht? Seit ihre Oma tot ist, spielt Lena zuhause Friedhof. Sie legt die Puppen in leere Schuhkartons und schiebt diese unter den Tisch mit der lang überhängenden Spitzendecke. Hier in Omas Zimmer schläft das Kind jetzt alleine, zwischen den alten dunklen Möbeln.
An Allerseelen wird sie mit den Eltern durch den hohen Schnee zur Straßenbahn laufen, etwa einen halben Kilometer weit, und dann fahren sie zum Friedhof in den Norden der Stadt, wo die Oma früher gewohnt hat und begraben worden ist, kurz bevor Lena in die Schule kam.
Den Opa kennt Lena nur vom Foto auf dem Wohnzimmerschrank: Ein ernster Mann mit schmalen Augen und sehr kurz geschnittenem Haar. Ein paar Tage vor der letzten Kriegsweihnacht 1944, so erzählt es die Mutter, sei er an einer Lungen-entzündung gestorben. „Di ganz' Medizin ham's im Lazarett brauchd, fier d' Soldad'n."
Die Kränze und Blumen von Omas Begräbnis werden unter dem hohen Schnee versteckt sein. Den Weihwasserkessel wird die Mutter mit den bloßen Händen freimachen, aber das Bürstchen, mit dem sie das Weihwasser über das Grab sprengen will, wird im Eis festgefroren sein. „D'r Wille gild fier's Werg", wird die Mutter sagen, das sagt sie immer. Lena wird mit der Mutter ins

Leichenhaus gehen, wo die Toten hinter großen Schaufenstern aufgebahrt liegen, mit Blumen geschmückt, die Augen geschlossen und die Hände gefaltet, manche umfassen ein Kreuz oder einen Rosenkranz. Seit die Oma dort hinter dem Fenster lag, will Lena immer wieder hingehen.
Die Mutter geht mit, aber der Vater wartet so lange am Grab oder geht schon langsam hinaus aus dem Friedhof, zur Straßenbahnhaltestelle.

„Der kann koine Dode mehr seha, weggam Griag", sagt die Mutter. Und das Kind ist zufrieden. Immer ist „d'r Griag" die Erklärung, wenn Lena etwas nicht versteht, was die Eltern tun oder sagen, wenn Gespräche bei ihrem Eintreten ins Zimmer verstummen oder die Mutter schnell das Thema wechselt, wenn ein Verwandter sich am Kaffeetisch verplappert: „Was red' denn der daher? Des kommt doch alles vom Griag", sagt die Mutter und alle lachen. Das Kind lacht mit.

Jetzt fragt die Lehrerin die anderen Kinder, ob sie wissen, warum der Friedhof denn Friedhof heiße? Niemand meldet sich, nur Lena, eifrig: Weil die Menschen dort in Frieden ruhen. Gut sagt die Lehrerin, und das Kind freut sich. Die Gräber des Nordfriedhofs im tiefen Schnee, an Allerseelen! Manchmal glitzerte die Sonne auf den Eiskristallen, auf den gefrorenen Blüten und Blättern der Blumenkränze.
Franz und Liane waren Flüchtlinge, Lena kennt das Wort. Die Gräber ihrer Familie haben sie zurückgelassen in der fremden Heimat, denkt sie heute. Sie waren vielleicht nie auf einem Friedhof gewesen, hatten das Wort nie gehört. Darüber hat Fräulein Waldmann nichts gesagt.

Heute, Jahrzehnte später im Westfriedhof, gibt es keinen Schnee, nur nasskaltes Frühherbstwetter. Es dämmert schon, als

die kleine Trauergesellschaft schnell auseinandergeht, zum Auto oder zur Straßenbahnhaltestelle. Sie haben sich nichts zu sagen. Der Bruder habe die Mutter nur selten besucht in ihren letzten Lebensmonaten, sagt die Freundin, als sie zu zweit im Café sitzen, nur wenn er für den Neffen Geld von ihr wollte. „Eigndlich hädd i ja mein Pachelbel neidua woll'n bei d'r Beerdigung", sagt sie dann ein wenig enttäuscht und hält Lena die CD hin. Getan hat sie es nicht. Gab es dafür vielleicht auch eine gesetzliche Regelung wie bei den Blumen, ein entsprechendes Warnschild? Lena fragt nicht nach.
Ob sie sich eigentlich an diese Totenfeier für den Papst erinnere, damals in ihrer Grundschulzeit, fragt sie stattdessen. Die Freundin schüttelt irritiert den Kopf und stopft die CD entschlossen in ihre Handtasche: Nein, wieso? Was das jetzt solle?
Weil das so schön gewesen ist, damals! Erinnerst Du Dich wirklich nicht?
Sie seien doch manchmal gemeinsam nach der Schule zu der alten Nachbarin gelaufen, ob sie das nicht mehr wisse? Das hätten sie doch oft gemacht, wenn die Schule ein bisschen früher als sonst zu Ende war: zu Frau Gröber statt nachhause, wo die Mütter mit dem Mittagessen warteten! Und oft genug gab es dann eine „Watsch'n", jedenfalls bei Lena. Und bei Dir? „I woiß des nimmer."
Auf dem Bildschirm, damals in schwarz-weiß, ist ein Trauerzug zu sehen, langsame Musik und eine Männerstimme in einer seltsamen Sprache kommen aus dem Lautsprecher. Ein bisschen wie in der Kirche, denkt Lena, aber diese Art Musik hat sie noch nie gehört. Lassies Abenteuer sind heute offenbar nicht dran, eine Programmänderung. „D'r Pabschd isch doch gschdorba", sagt die alte Frau. Was ist ein Pabschd? Die Freundin weiß es auch nicht. Gelangweilt guckt sie auf den Bildschirm, sie möchte jetzt lieber eine Schallplatte hören, so wie letzte Woche: „Leise rauscht die Säne", singt eine Männerstimme, und die Mädchen

ergänzen „auf dem Fluss die Schwäne“. Sie haben ihre nackten Babypuppen achtlos in die Sofaecke geworfen, mit einer schlampig umgewickelten Windel, im Mundwinkel Schokoladezigaretten. Sie sind Mütter, die ihre Kinder vernachlässigen. „Midimidinett, so schön ist Paris“, summt die Freundin leise und wippt mit dem Fuß, und Lena antwortet zögernd „Midimidinett, und du bist so süß“. „Pschd!“ ruft Frau Gröber, und Lena ist erleichtert. Denn jetzt erscheinen Bilder eines ernst blickenden hageren Mannes mit randloser Brille und weißem Käppchen, er faltet manchmal die Hände, geht langsam Schritt für Schritt und spricht in dieser seltsamen Sprache, diese geheimnisvollen Worte. „Dees isch'r“, flüstert Frau Gröber jetzt, „d'r Pius“. Die Freundin rutscht unruhig auf dem Sofa hin und her, aber Lena lässt den Fernsehapparat nicht aus den Augen: So spricht niemand bei ihr zuhause, so bewegt sich niemand, so ernst und streng, so würdig und erhaben. Kennt das Kind solche Wörter? Langsam schiebt sich dann die Kutsche mit dem Sarg, von weißen Pferden gezogen, über den Bildschirm, die Musik wird eindringlicher, der Zug der Trauernden scheint endlos, und das Kind läuft mitten unter ihnen.
So war das, früher.

Erinnert sich die Freundin wirklich nicht? Als Lena merkt, dass sie gar nicht zuhört, behält sie ihre Bilder aus der Kindheit für sich. „So ein greislichs Wedder!“ sagt die Freundin und bestellt für beide noch eine Tasse heiße Schokolade. Bald wird sie zum Auto gehen, und noch einmal zurückfahren in die leere Wohnung der Mutter. Jetzt ist auch bei dir die Kindheit endgültig vorbei, denkt Lena, unsere Väter sind ja lange tot, und meine Mutter auch seit ein paar Jahren. Aber sie sagt es nicht, sondern nickt der Freundin nur zu, versucht zu lächeln. Draußen regnet es noch immer. Durch das Fenster des altmodisch möblierten Vorstadtcafés zieht es, und die Freundin wickelt sich ihr

Wolltuch fester um die Schultern. Sie sitzen noch eine Weile schweigend, dann nimmt sie ihren Schirm und geht. „Rufsch mi hald a, wenn'd widd'r in Tübinga bisch." Ja.

Als Lena alleine ist, kommt ihr eine andere seltsame Trauerfeier aus ihrer Kindheit in den Sinn. Die Tante Marina, eine attraktive Frau mit rot geschminkten Lippen, Pelzmantel und Stöckelschuhen, sei sehr krank gewesen, habe sich aber nicht operieren lassen wollen, erzählte der Onkel, der jüngste Bruder von Lenas Großmutter, dem Kind damals am Grab. Sie hatte Lena einmal eine Gliederpuppe geschenkt, aus Porzellan, mit einem Prinzessinnenkleid aus lilarosa Spitze. „Maria F., geborene Gottesgnad" stand in der Todesanzeige. So ein komischer Name, sagt Lenas Mutter angewidert, und betont den Namen so falsch, mit gedehntem o, als höre sie ihn zum ersten Mal. Lena findet das komisch: Das ist doch ein schöner Name! Der Vater dieser Tante war sicher ein netter, vielleicht sogar ein frommer Mann, fantasierte sich das Kind damals zusammen.
Dass es möglicherweise ganz anders war, erfuhr Lena viele Jahre später aus dem Film, den sie einmal ihren Schülern im Geschichtsunterricht gezeigt hatte: Die Augsburger Widerstandskämpferin Anna Pröll erzählte aus ihrem bewegten Leben, es gab eine Kurzfassung für Schüler und eine längere, ausführlichere, für Lehrer. Die hat sich Lena erst danach angesehen, eher aus Pflichtbewusstsein denn aus Interesse, viel Neues konnte der Film ihr ja wohl nicht bringen, hatte sie das Thema doch oft genug in ihrem Unterricht behandelt. Plötzlich erscheint, ganz kurz nur, das Verhaftungsdokument der jungen Anna im Bild, und Lena muss ein paarmal auf die Wiederholungstaste drücken, bevor sie es glaubt: Ein Polizeikommissar Josef Gottesgnad hat es unterzeichnet. In einem Adressbuch dieser Jahre findet sich der Name nur einmal, mit der Berufsbezeichnung Polizist – Tante Marinas Vater.

Die Schokolade ist kalt geworden. In einer halben Stunde geht Lenas Zug. Draußen regnet es noch immer.
Wird es Schnee geben an Allerseelen?

# Eine Maus in der Küche – Traumfantasie

Lena hat ihre erste eigene Wohnung bezogen und bekommt Besuch von den Eltern. Die Wohnung ist klein und recht einfach, aber die Tochter hat alles sauber geputzt und ordentlich aufgeräumt.
Die Mutter stellt eine Tasche auf den Tisch und beginnt sie auszupacken.
In diesem Moment läuft ein Mäuslein quer über den Boden der Wohnküche, den sauber geputzten, und verschwindet erschreckt in der Ecke unterm Tisch, um sich unter dem Teppich zu verstecken, der dort ein paar Falten macht und die Wand entlang ein wenig nach oben gelegt ist.
Ausgerechnet jetzt, eine Maus in der frisch geputzten Küche! Wir müssen sie fangen, ruft Lena.
Während der Vater unbeweglich auf seinem Stuhl sitzt, holt die Mutter aus dem Küchenschrank der Tochter ein kleines Sieb, um das Tier damit zu fangen. Sie zerrt und schüttelt an dem Teppich herum, das Mäuschen kommt hervor und läuft der Tochter vor die Füße.
Schnell, ruft die Tochter, und die Mutter wirft das Sieb über das Mäuschen und hält es damit fest auf den Boden gedrückt. Das Tier zappelt und will heraus.
Die Mutter macht Anstalten, nach einem harten schweren Gegenstand zu suchen, um das Mäuschen totzuschlagen. Aber sie kniet ja am Boden und hat nur eine Hand frei, die ist zu weit vom Schrank entfernt.
Die Tochter müsste helfen.
Aber Lena sagt nein, wir werfen die Maus aus dem Fenster, in den Garten, da kann sie weiterleben, im weichen Gras, wir sind ja im Tiefparterre. Schnell entschlossen schiebt die Tochter die Hand der Mutter von dem Sieb und hält es fest. Das Mäuschen wehrt sich stärker als zuvor, und die Tochter hat mehr Mühe als

die Mutter, es unter dem Sieb fest zu halten, immer wieder versucht es ein Beinchen zwischen Siebrand und Fußboden zu schieben. Es scheint auch gewachsen zu sein und sieht ein wenig aus wie etwas Neugeborenes, nackt und kindlich, aber doch größer als eine Maus.
Jetzt steht die Mutter auf und geht zum Tisch, sie wendet Lena den Rücken zu. Gib mir doch eine kleine Schüssel aus dem Schrank, und ein Brettchen zum Drunterschieben, ruft die Tochter, aber die Mutter antwortet nicht. Der Tochter fällt es immer schwerer, das größer und lebendiger werdende Tier fest zu halten. Noch gelingt es ihr, jede direkte Berührung mit seinem Körper zu vermeiden – sie möchte es ja loswerden. Mehrmals wiederholt sie ihre Bitte an die Mutter, auf dem Fußboden kniend, immer flehentlicher – aber vergeblich.
Anfangs behauptet die Mutter noch, nicht genau zu verstehen, was die Tochter eigentlich wolle, dann verstummt sie ganz. Endlich wendet sich die Tochter an den Vater, der ihr sein Gesicht freundlich zuwendet: Er möge der Mutter doch sagen, sie solle endlich die Schüssel aus dem Schrank holen, und das Brettchen! Doch der Vater sitzt stumm lächelnd auf dem Küchenstuhl und schüttelt nur langsam den Kopf.
Langsam wird die Tochter zornig. Gib mir endlich die Schüssel aus dem Schrank, ruft sie der Mutter zu, und schließlich: Nimm mich doch bitte einmal im Leben ernst!
Aber niemand reagiert.
Das Tier ist inzwischen ziemlich groß geworden und das Sieb scheint mit ihm zu wachsen. Gleich wird es der Tochter nicht mehr möglich sein, es am Entwischen zu hindern.
Obwohl sie mit abgewandtem Gesicht auf dem Boden kniet, gelingt es Lena nun doch, den Kopf ein wenig zum Tisch hin zu wenden. Da sieht sie, wie die Mutter in aller Seelenruhe ihren in der Tasche für die Tochter mitgebrachten Kuchen mit kandierten Früchten dekoriert.

Ja seid ihr denn alle verrückt? ruft die Tochter bei diesem Anblick. Du verzierst hier deinen Kuchen, und erwartest wohl auch noch, dass ich mich darüber freue, anstatt dass du mir hier hilfst!
Aber die Mutter steht noch immer mit dem Rücken zur Tochter und arbeitet konzentriert weiter. Der Vater, in leichtem Blickkontakt zur Tochter gewandt, zuckt hilflos die Schultern.
Da packt die Tochter das Tier in ihrer Verzweiflung mit beiden Händen, drückt es sogar, den Abscheu vor der Berührung überwindend, ganz leicht mit dem Ellbogen an sich, um das Fenster mit einer Hand öffnen zu können, und wirft es hinaus, mit samt dem Küchensieb.
Aber unten ist kein Garten und kein weiches Gras, sondern ein betonierter Hof, viele Meter tief. Das Tier prallt auf und ist tot. Die Tochter erschrickt, versucht sich aber sofort zu trösten: Denn da liegen ja noch viele andere tote Lebewesen, einige davon bereits ordentlich mit dem Besen zu einem Haufen mit weiterem Unrat, Stroh und Erde, zusammengekehrt.
Offenbar waren sie alle aus dem Fenster gefallen oder von jemandem gewaltsam hinaus geworfen worden. Und jemand anderer räumt den Hof hinterher immer gleich wieder auf und verwischt die Spuren? Dann herrscht wieder Ordnung!
Ich möchte, dass du jetzt gehst, Mutter, denkt etwas in der Tochter, etwas Wütendes, Beleidigtes, Gekränktes, etwas das außer sich ist vor Zorn und Verzweiflung. Dann fällt ihr Blick auf den Vater, der noch immer teilnahmslos herum sitzt. Ich möchte, dass ihr geht, denkt es in ihr. Ihr seid schuld am Tod dieses Wesens, euretwegen musste ich zu seinem Mörder werden!
Verschwindet ein für alle Mal aus meinem Leben!
Doch eine andere Stimme in ihren Innern widerspricht: Aber was ist, wenn sie tatsächlich nicht wiederkommen, deine Eltern, vielleicht nie mehr? Keine Tasche mehr voller Mitbringsel? Kein Kuchen mehr mit kandierten Früchten?

Die Tochter schweigt. Sie wird nicht mehr sprechen. Sie schließt die Augen und wird einfach warten, bis die Eltern von sich aus gehen.

Aber erst als Lena aufwacht, sagt sie es laut: Ich möchte, dass ihr jetzt geht! Doch es ist niemand da, der sie hören könnte. Langsam steht sie auf und geht zum offenen Fenster. Draußen ist es dunkel. Etwa einen Meter unterhalb des Tiefparterre-Fensters schimmert das weiche Gras im Schein der Straßenlaterne. Es kommt Lena vor, als sei da eben eine kleine Maus aus dem Lichtkegel entwichen, in den Schutz der Dunkelheit?

# Ein Pelzmantel und ein Paar Herrenschuhe

Den schwarzen Sealmantel hat Marie lange Zeit im Schaufenster des jüdischen Pelzhändlers hängen sehen, sanft schmiegt sich das glänzende Fell über die fließenden Formen der Schaufensterpuppe.

In einem kalten Winter in den wirtschaftlichen Krisenzeiten der Zwanziger Jahre, geht ein junges Mädchen auf dem Weg zur Arbeit, frierend in ihrem Popelinemäntelchen, und trotz winterlicher Kälte in Halbschuhen, an dem vornehmen Geschäft vorbei. Sie spart das Geld für die Straßenbahn und geht zu Fuß den drei Kilometer langen Weg aus der nördlichen Arbeitervorstadt in die Karolinenstraße, zu ihrer Ausbildungsstelle im Textilhaus Rübsamen.
Eines Tages auf dem Heimweg, sie hat ein wenig früher aus als sonst, geht Marie langsam auf das Schaufenster zu, drückt die altmodische Messingklinke der Tür und öffnet sie langsam. Der alte jüdische Pelzhändler ist freundlich. Sie darf den schwarzen Sealmantel anprobieren, vorsichtig schält er ihn von der Schaufensterpuppe und hilft dem jungen Mädchen in die Ärmel. Dass sie ihn niemals würde bezahlen können, ist ihr peinlich. Ein bisschen verschämt dreht sie sich vor dem Spiegel, schön ist der Pelz, wie er glänzt, und so warm und anschmiegsam!
Er passe genau, und er stehe ihr gut, lächelt der Pelzhändler, und sie könne den Mantel selbstverständlich in Raten bezahlen. Das Mädchen ist dem Weinen nahe: Nein, dann könne sie ihn ja erst im Frühling tragen, wenn es schon wieder wärmer wäre. Am liebsten hätte sie ihn doch jetzt, sofort! Eigentlich habe sie den schönen Pelz ja nur einmal anprobieren wollen, einfach um zu fühlen, wie er sich trägt. Natürlich könne sie sich einen solchen Mantel nicht leisten von ihrem Lehrlingsgehalt.

Das Meiste müsse sie ja daheim abgeben, der Vater sei noch immer arbeitslos, seit seiner Krankheit und der Kündigung in der Fabrik. Überhaupt warten die Eltern jetzt auf sie.
Einen Moment noch, junge Frau! Noch ehe sich das Mädchen mit einem verlegenen Dankeschön aus dem Laden stehlen kann, steht der jüdische Pelzhändler auf und holt ein dickes Buch unter dem Ladentisch hervor: In sauberer Schrift aufgereiht liest das Mädchen eine Liste von Namen feiner Damen, darunter manche ihr wohlbekannte Kundin aus dem Textilgeschäft in der Karolinenstraße – allesamt Schuldnerinnen des Juden? Mit dem Zeigefinger fährt der alte Herr die lange Spalte mit den kleinen Beträgen entlang, die die Kundinnen monatlich abzahlen. Natürlich nehmen Sie den Mantel gleich mit, sagt der jüdische Pelzhändler freundlich, heute ist doch so ein kalter Tag! Bei manchen Kundinnen seien die Ärmelenden irgendwann vom täglichen Tragen schon ganz abgewetzt, und sie kommen dann, um sich zu beschweren, lange bevor die letzte Rate bezahlt ist! Nur eine kleine Unterschrift brauche er noch von ihr, bitte sehr! Ihre Mutter kenne er ja, die habe doch das kleine Lebensmittelgeschäft gleich hinter der Wertachbrücke. Seinen Kürschnerlehrling habe er da schon ein paarmal hingeschickt, um ein paar Gramm Wurst oder Käse zu kaufen, für die Pause.
Überglücklich geht Marie in dem warmen weichen Pelz nach Hause und zeigt ihn der Mutter, die in ihrer geblümten Schürze hinter dem Ladentisch steht: Sie solle den Mantel sofort ausziehen und ihn künftig nur sonntags tragen. Mehr sagt sie nicht. Daran hat Marie sich gehalten, noch lange nachdem der Mantel abbezahlt war.

So hat Lenas Mutter ihr die Geschichte immer wieder erzählt, wenn sie den Mantel viele Jahre später an der Tochter sah, ein bisschen eng an den Schultern, aber noch immer wie neu: „Des isch fei a Jud' g'wesen, der alt' Dannbeck, und a ganz a feiner Mensch!"

In den gleichen Jahren des Hungers und der Arbeitslosigkeit betritt ein junger Mann ein Schuhgeschäft in der Stadt. Er hat über einige Wochen hinweg ein Paar moderne hellbraune Herrenschuhe in der Auslage des jüdischen Schuhhändlers gesehen und vergeblich gewartet, bis sie vielleicht ein wenig billiger würden, damit er sie sich von seinem knappen Lohn als Buchdruckergehilfe leisten könnte. Aber den Sommerschlussverkauf will er nicht abwarten, schließlich sind es Halbschuhe. Bisher hatte er stets die Stiefel der älteren Brüder auftragen müssen, damit soll nun Schluss sein. Lange genug hat er gespart, jeden Pfennig, den er nicht den Eltern abgeben muss, zur Seite gelegt. Der jüdische Schuhhändler ist freundlich und berät den etwas unsicheren jungen Mann kompetent. Es ist zum ersten Mal, dass nicht die Mutter an seiner Seite etwas für ihn aussucht. Die Schuhe passen, er zählt sein erspartes Geld aus dem Beutel und legt es auf den Ladentisch. Jeden Samstag würde er die Schuhe sorgfältig mit einer Bürste säubern, dann mit einem weichen Lappen einkremen und endlich zum Glänzen bringen, damit sie immer aussehen sollen wie neu!
Ein paar Tage später habe Johann dann in der Auslage eines anderen – nicht jüdischen – Schuhgeschäftes das gleiche Paar Schuhe um fünf Mark billiger gesehen, für einen jungen Arbeiter damals eine Menge Geld. Und damals habe er sich geschworen, so fügte der Vater dann leise hinzu, nie mehr bei einem Juden einzukaufen. Jeden Samstagvormittag putzten sie miteinander die Schuhe, Lena und der Vater, während die Mutter ihre Einkaufsrunde durch die Gartenstadt machte – sie hätte es sowieso nicht hören können.

Ein einziges Paar von Vaters Schuhen hat den Krieg überlebt: die schwarzen Schaftstiefel aus der Kleiderkammer der deutschen Polizei, die der Vater während seiner Ausbildung „em Griag“ getragen hatte, sorgfältig gepflegt haben sie die Jahre überdau-

ert. Lena, der die Eltern die hohen Stiefel in ihren Pubertätsjahren angeboten hatten – die Jugend trug so altes Zeug, das war doch modern – verschenkte sie schleunigst an einen Jungen aus ihrer kirchlichen Jugendgruppe, der wie ein starker Mann aussehen wollte.
Den Pelzmantel der Mutter aber, der an den Schultern immer ein wenig zu eng war, trägt Lena noch immer.

***Bild 3: Hotel Kaiserhof***

## Hotel Kaiserhof

Die Straßenbahnlinie 6, die aus den südöstlichen Gartensiedlungen, von Hochzoll und Spickel kommend ins Zentrum einfährt, verlangsamt ihre Geschwindigkeit, ohne dass eine Haltestelle in Sicht gewesen wäre. Lena sieht hinaus. Stockwerk für Stockwerk wird das Gebäude an der Hermanstraße von zwei Schaufelbaggern abgetragen.

„Midd'n im Zendrum könna's ned schbrenga!" Der alte Mann auf der Sitzbank gegenüber muss Lenas Staunen bemerkt haben: „Ja, und fei bloß weil's jetz die Straß'n erweidern woll'n," verständnislos und traurig schüttelt er den Kopf. Ein Kind sei er gewesen, damals, als dieses prachtvolle Hotel gebaut wurde, monatelang habe er dabei zugesehen.
Das muss kurz nach der Jahrhundertwende gewesen sein, vor vielleicht achtzig Jahren, denkt Lena. Eher wilhelminischer Prunk als Jugendstil, zentral in der Nähe des Bahnhofs, der Banken und der Synagoge gelegen, das Hotel Kaiserhof.

In diesem Hotel ist die Mutter von den jüdischen Vertretern der Textilgroßhändler empfangen worden, das hat sie Lena erzählt, als die noch ein Kind war. Immer wenn sie mit der Straßenbahn in die Innenstadt fuhren, zum Fische kaufen auf dem Stadtmarkt oder zur Schneiderin, erzählte die Mutter Geschichten aus der Zeit, als sie noch beim Rübsamen gewesen war, den Jahren lange vor Lenas Geburt, der glanzvollen Zeit „vor em Griag".

Als das Kind auf die Welt kam, „noch em Griag", war alles anders. Die schöne Zeit kehrte nicht wieder. Von „Landauer" und „Schocken" hörte das Kind die Mutter erzählen, wenn es an den großen Kaufhäusern vorbeiging, an der kräftig zufassenden Hand der Mutter, aus der südlichen Gartenstadt kommend, eine

Allee entlang, dann über die alte Stadtbefestigung am Roten Tor über den Stadtgraben ins Zentrum.
Von den glitzernden Dekorationen erzählte die Mutter, von einem reichhaltigen Warenangebot, Kleider und Schuhe, günstig und doch elegant – „sowas hod's bloß bei die Jud'n geb'n!" Und zu den Festtagen einen Fisch, Geflügel oder Wildbret. „Sowas kauft ma in d'r Schdadd, dees gibt's im Schpiggl ned".

Die Namen Landauer und Schocken standen nicht mehr auf den Kaufhäusern. Das Kind las „Zentralkaufhaus", daneben „Merkur" und später „Horten". Die Mutter aber kaufte, bis ins hohe Alter, bis ihr der Weg in „d' Schdadd" zu beschwerlich wurde, bei Landauer und Schocken.
Zum Schluss ging es immer in das teurere, etwas kleinere Textilfachgeschäft, in dem die Mutter viele Jahre als Verkäuferin gearbeitet hatte, zum Rübsamen. Sie plauderte mit einer der Frauen, die einmal ihr Lehrmädchen gewesen war, und schlüpfte in die eine oder andere Bluse, nötigte das Kind, ein Kleidchen oder eine Weste anzuprobieren, erstand am Ende zufrieden eine Kleinigkeit, oft ein besonders günstiges oder reduziertes Stück, eine Schürze vielleicht. Sie verdiente ja kein eigenes Geld mehr, musste sparen, seit das Kind da war.

Unter den „jüdischen Vertretern" konnte sich Lena als Kind nichts Genaues vorstellen. Und später, als sie langsam begriff, dass es irgendwann einmal keine jüdischen Vertreter mehr gegeben haben muss, wagte sie nicht, die Mutter nach den Gründen zu fragen. Es war eben ein Geheimnis. Von Sekt war die Rede, aus edel geschliffenen Gläsern, von riesigen Holzschubladen mit Garnröllchen, Knöpfen und Schnallen, Spitzen und Bordüren, die man vor der Mutter ausgebreitet hatte, damit sie wählen konnte für „ihr G'schäft": das Modischste für die betuchten Herrschaften, das Günstigste von dem oder

jenem, manchmal etwas Besonderes, das Übliche natürlich für die reichen Bäuerinnen aus dem Umland. Ein kleines Risiko war immer dabei, auch wenn die Mutter in all den Jahren gelernt hatte, den richtigen Weg zu finden zwischen Fragen des Geschmacks und des Geldbeutels ihrer Kundinnen, der eigenen Lust am Neuen und dem Traditionsbewusstsein des schon etwas älteren Chefs, des Herrn Rudolf. Sie ließ sich zu manchem Wagnis verführen, ging aber nie zu weit. Die Verkaufsgespräche mit den fremden Männern, die oft von weither angereist waren, aus den größeren Städten im Norden des Landes, den Zentren der deutschen Textilindustrie, hatte die jungen Frau klug zu führen gelernt. Am Ende stand der gelungene Abschluss, der Händedruck, ein Blick, das Glas Sekt.
Wirkliche Herren seien diese Textilvertreter gewesen, erzählte die Mutter, vollendete Kavaliere. Aber sie habe dennoch stets bemerkt, wenn einer sie, die anfangs der Zwanzigerjahre noch junge unerfahrene Verkäuferin, übers Ohr zu hauen versuchte, wenn die Preise zu hoch oder die Verheißungen von Erlös und Absatz zu übertrieben erschienen. In einem soliden mittelständischen Textilgeschäft der Dreißigerjahre war nicht jeder modische Schnickschnack willkommen.
Besonders der Herr Münzesheimer sei ein „ganz reeller Geschäftsmann" gewesen – hat das Kind verstanden, was das bedeutet? Mit ihm sei sich die Mutter immer schnell handelseinig geworden, er habe sie nie zu betrügen versucht. Auf seinen Sekt freute sie sich jedes Mal, er schmeckte ihr tatsächlich, obwohl sie sonst kaum Alkohol trank. Nach Amerika sei er ausgewandert, hieß es dann plötzlich. Wie es ihm denn dort ergehe, habe die Mutter den Nachfolger gefragt. Dieser, an Sachkundigkeit wie an Charme seinem Vorgänger offenkundig unterlegen, habe seine Empörung zum Ausdruck gebracht, wie sie sich denn „nach einem Juden erkundigen" könne? Das erstaune ihn doch sehr. Aber der Herr Münzesheimer sei wirk-

lich ein „feiner Mensch“ gewesen, blieb die Mutter hartnäckig, sie habe sehr erfolgreich mit ihm zusammen gearbeitet. Von einer weiteren Reaktion des Nachfolgers ist dem Kind nichts berichtet worden. Mutters Bestellungen bei dieser Firma seien von diesem Tag an langsam zurückgegangen. Die Bordüren, Knöpfe und Spitzen von Herrn Münzesheimers Nachfolger gefielen der Mutter nicht. Vom Sekt zum gelungenen Geschäftsabschluss war nicht mehr die Rede. Er hatte einfach keine geeigneten Waren im Angebot.
Später kamen überhaupt keine Vertreter mehr in die zerbombte Stadt, und Marie musste nach Berlin und Wuppertal fahren, stundenlang in stinkenden wackeligen holzgasbetriebenen Bussen, auf der Suche nach den wenigen einfachen Knöpfen und Reißverschlüssen, Ripsborten und Spitzenkrägen, die in den paar erhaltenen Fabriken mit den übrig gebliebenen Webstühlen und Maschinen mühsam hergestellt wurden. Auch in den großen Städten gab es keine jüdischen Vertreter mehr, nirgendwo, keine großstädtischen Kaufhauslandschaften, keine verführerisch glitzernden Auslagen: „Wenn bloß der Saugriag ned komma wär!“ sagte die Mutter.

Die Straßenbahn ist in der südlichen Gartenstadt angekommen, der alte Mann sitzt immer noch Lena gegenüber. Am liebsten hätte sie ihm ja von Marie erzählt, ihrer schönen Mutter. Vielleicht hat er sie gekannt? Er könnte ja in der Nähe des Hotels gewohnt, oder jedenfalls sich zuweilen dort aufgehalten haben! Hat er sie vielleicht in das Hotel gehen sehen, regelmäßig zweimal im Jahr, zum Wechsel der Modesaison? Vielleicht hat ihm die junge Frau gefallen, mit ihrem hochgesteckten Haar, dem figurbetonten Schneiderkostüm und dem zu den Schuhen passenden Lederhandtäschchen.

Wenn sie zurückkam, nach einer Stunde oder zwei, die Bestellschein-Durchschriften in der Tasche, mit roten Bäckchen vom Sekt und mit vom Glück schwingendem Gang, zufrieden über die wieder einmal gelungene Gratwanderung zwischen der eigenen Überzeugung und Erfahrung einerseits und dem Genuss, umworben und verführt zu werden, andererseits, hat er ihr vielleicht nachgesehen, noch immer in der Nähe herumstehend, arbeitslos vielleicht, und sich gefragt haben, was diese junge attraktive Frau wohl zu tun hatte, für eine knappe Stunde in so einem edlen teuren Hotel?
Es sei ja wirklich schade, sagt Lena zu dem alten Mann, dass das schöne Hotel jetzt einfach abgerissen wird! „Ja freilig“, der alte Mann steht umständlich auf und sucht nach einem Haltegriff zum Aussteigen: „ond dees noch so’ra kurz’n Zeid!“

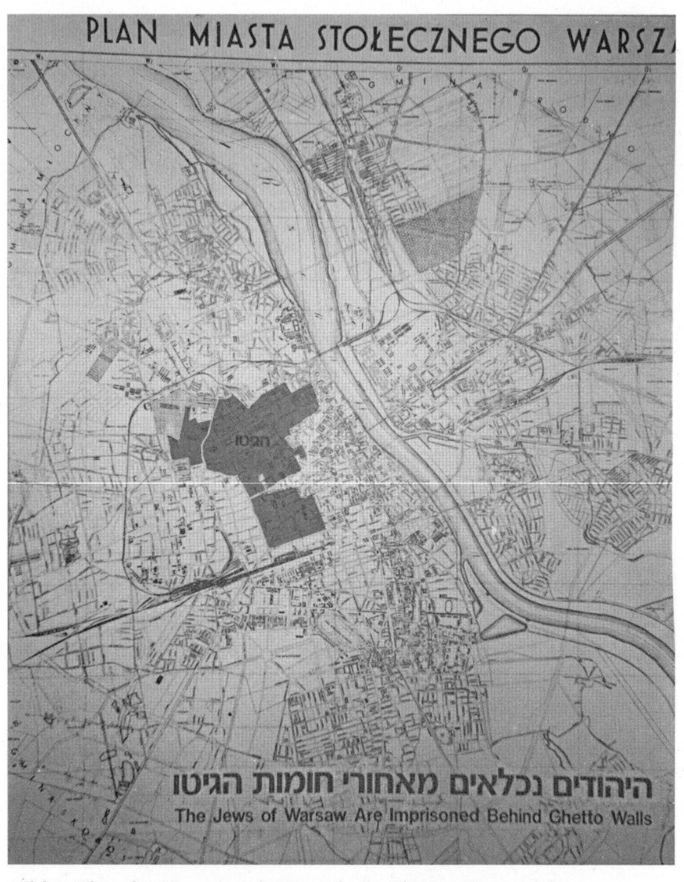


*Bild 4: Plan der Hauptstadt Warschau, Ghetto eingezeichnet*

## Museen in Israel

Nein, das tue ihm wirklich leid, den Rucksack könne er ihr nur gegen Rückgabe der Pfandmarke aushändigen. Der freundliche ältere Herr an der Garderobe sagt es in akzentfreiem Deutsch, er bedaure sehr! Die Pfandmarke hat Paul, und er ist nicht zu sehen. Es ist sein Rucksack, er hat ihn die meiste Zeit getragen. Lena würde gern den Geldbeutel aus dem Rucksack holen und sich in der Museums-Cafeteria etwas zu essen oder zu trinken kaufen, gegen das Loch in ihrem Magen, das Unbehagen. Wann hat sie sich zuletzt so einsam gefühlt, so mutterseelenallein und von aller Welt verlassen? Lena steht an einem Januartag im Foyer des Diaspora-Museums in Tel Aviv, frierend und unglücklich. Die meisten Teilnehmer der Reisegruppe haben den Rundgang durch das Museum beendet und streben der Cafeteria zu.
Auch nach einer halben Stunde taucht Paul noch nicht auf. Irgendwo in den verzweigten Gängen des Museums müssen sie einander verloren haben. Lena erinnert sich nicht, wann das gewesen sein könnte: Bei den Modellen der abendländischen Synagogen vielleicht, unter denen sie aufgeregt den Jugendstilpalast ihrer Heimatstadt gesucht und dabei vielleicht Paul aus den Augen verloren hat? Aber die Augsburger Synagoge ist nicht dabei, stellte Lena enttäuscht fest.
Und dabei ist sie so schön! Ein morgenländischer Sternenhimmel spannt sich über den Raum. Und dass die Synagoge beinahe unzerstört die sogenannte Reichskristallnacht überstanden habe, zum Zeichen für die guten Beziehungen zwischen der Stadtverwaltung und der Jüdischen Gemeinde – hat das der Geschichtslehrer erzählt? Viel später erst wird Lena von der Tankstelle hören, die damals gegenüber der Synagoge stand, und der wirkliche Grund für die „Vorsicht“ der NS-Horden war. Zum ersten Mal „noch am Griag“, hat die jüdische Gemeinde ihr

Haus für Gäste geöffnet, aus Anlass einer ökumenischen Pfingstveranstaltung der Kirchen in den Siebzigerjahren. Neugierig und unsicher betritt die Schülerin mit ein paar Freundinnen das riesige Gebäude hinter den so lange verschlossenen Gitterportalen. In der vordersten Reihe der Empore steht, neben ein paar dunkel gekleideten Männern, eine elegante zierliche Frau in einem türkisfarbenen Kostüm, mit einem schräg aufgesetzten Hütchen in derselben Farbe. Mit unbeweglichem Gesicht schaut sie nach vorne, ohne die Eintretenden zu beachten. An mehr erinnert Lena sich nicht.

An einem der Cafeteria-Tischchen des Museums in Israel sitzt die Frau aus Hamburg, die Lena schon im Bus aufgefallen war, weil sie als Einzige in der Gruppe die passende Kleidung trug: kurzärmeliges T-Shirt, Strohhütchen und Sonnenbrille. Sie habe sich einen Tag vor der Abreise im Internet über das Wetter in Israel informiert. Sehr vernünftig, daran hätten wir auch denken können! Zu Sylvester in Israel braucht man keine Wintersachen. Die Frau sieht zufrieden aus an ihrem Tisch, essend, trinkend, in eine Broschüre über das Museum vertieft. Natürlich könnte Lena sie bitten, ihr etwas Geld zu leihen. Paul würde ja gleich kommen und dann könnten sie es ihr zurückgeben. Er würde sich sicher freuen, wenn sie schon etwas zu Essen für beide geholt hätte.

Aber etwas hält Lena zurück, sie hat sich eingerichtet in ihrer Beklemmung und Verlassenheit.

Wann bin ich das letzte Mal so da gesessen wie diese Frau?, überlegt Lena. Wann habe ich das letzte Mal so für mich gesorgt, mit den richtigen Kleidern, dem eigenen Rucksack, dem passenden Geld? Selbst die Frisur und der Blick der fremden Frau strahlten in diesem Augenblick so etwas wie Ruhe aus, Zufriedenheit, Stimmigkeit, Beisichsein. Kein Wunder, dass sich der dicke freundliche Ungar mit den grauen Locken in sie verlie-

ben würde, ein paar Tage später. Wie er sie immer ansah! Er ließ sie kaum aus den Augen. Er hatte in der früheren DDR gelebt und war dort im Gefängnis gewesen, aus politischen Gründen, hatte er der Hamburgerin im Bus erzählt. Lena saß dahinter und hörte ein bisschen zu. Nun wollte er „einmal sehen, wohin seine Verwandten damals alle ausgewandert waren".
An einem kleinen Hafen am See Genezareth zeigt die Frau ihm die Schiffe, ganz wie in Hamburg, sie lacht und der Mann sagt, in Ungarn gibt es auch Schiffe. Auf dem bunten Markt in Jerusalem zeigt er der Frau eine hübsche folkloristische Puppe und beide bedauern, dass sie keine kleinen Kinder haben, denen man sie mitbringen könnte. Am Tag der Abreise steigen die beiden ins gleiche Taxi zum Flughafen.
Wann bin ich zum letzten Mal so eine Frau gewesen? So ganz bei mir, mit dem Gefühl, das Richtige zu tun, zur richtigen Zeit am richtigen Ort? Was will ich hier überhaupt? Was habe ich hier zu suchen? Warum fühle ich mich so allein? Könnte ich mich, wie diese Frau, in einen Holocaust-Überlebenden verlieben, wenn Paul nicht dabei wäre, wenn es ihn nicht gar nicht gäbe?
Warum kommt er denn nicht endlich? Was gibt es denn noch Interessantes zu sehen in diesem schrecklichen Museum? Lena spürt, dass es vielleicht gar nichts nützen würde, wenn Paul jetzt käme. Es nützt nichts, dass es ihn gibt. Zum ersten Mal nützt es nichts. Lena fühlt sich ganz einfach von aller Welt verlassen, mutterseelenallein.

Ich habe doch versucht, meinen Standpunkt zu finden inmitten dieser fremd-vertrauten Welt, sagt sie innerlich zu sich selber. Ich wollte diese Reise schon lange machen, zusammen mit Paul, mich informieren, vorurteilslos und offen über ein fremdes Land, das doch so eng mit der Geschichte meines eigenen verbunden ist, das es so gar nicht geben würde, wenn unsere

Vorfahren nicht die Juden aus Deutschland verjagt oder ermordet hätten. Ich wollte doch immer schon nach Israel! Und jetzt war sie da und war ganz und gar nicht glücklich.
Eben hatte Lena noch einem der Mitreisenden heftig widersprochen, als dieser der israelischen Museumsführerin im typisch deutschen Klageton von den vielen jugendlichen Neonazis in Deutschland erzählte. Richtig wütend war sie geworden: Das sei doch nur eine Minderheit, Opfer der misslungenen deutschen Wiedervereinigung zumeist, und unsere Aufgabe als die westlichen aufgeklärten Wohlstandsbürger sei es, gerade auf diese Jugendlichen erzieherisch einzuwirken. Das müsse man eben versuchen!
War das der Moment gewesen, wo Lena Paul aus den Augen verloren hatte?
Er war noch immer nicht zu sehen. Vielleicht frage ich die Frau an dem Tischchen ganz einfach, ob ich mich zu ihr setzen darf? Aber Lena zieht es vor, einsam und traurig zu bleiben und sich über den engstirnigen Garderobenmann zu ärgern. Was bildet dieser Kerl sich eigentlich ein! Schließlich war sie Pauls Ehefrau! Aber selbst eine Heiratsurkunde – die sie natürlich nicht dabei hatte – hätte dieser Mensch wohl freundlich lächelnd zurück gewiesen, er wollte die Pfandmarke! Ein typischer Deutscher, dieser Israeli!

Als Paul heiteren Gesichts um die Ecke biegt, aus einer völlig anderen Richtung als Lena erwartet hat, ist es zu spät zum Essen. Die Reiseleiterin trommelt zum Gehen, der nächste Programmpunkt wartet. Paul holt den Rucksack, der Mann bedankt sich sehr freundlich für die Pfandmarke. Paul ist zufrieden und hat überhaupt keinen Hunger: Eine interessante Ausstellung, er habe viel Neues gelernt. Ob sie gewusst habe, dass Gustav Mahler Jude gewesen sein? Natürlich, will sie antworten, zuckt dann aber nur mit den Schultern. Wusste sie es tatsächlich? Sie kann sich plötzlich nicht mehr erinnern. Warum findet Paul das so wichtig? Für die Menschen hier mochte es eine Bedeutung haben, mit liebevoller Gründlichkeit hatten sie all die vielen Juden unter den berühmten und gebildeten Leuten der ganzen Welt herausgesucht, Komponisten und Erfinder, Dichter und Naturforscher, ihre Werke in großen Vitrinen präsentiert. Sie waren stolz darauf, zu einem solchen Volk zu gehören, und hatten ein Recht, über seine Zerstreuung über die ganze Welt zu trauern, und über den millionenfachen gewaltsamen Tod. Aber wir? Was hat das alles mit uns zu tun? Lena hat das Gefühl, den Boden unter den Füßen zu verlieren. Gibt es falsche und richtige Gefühle?

Ein paar Tage später steht Lena vor dem historischen Stadtplan von Warschau, in dem die Grenzen des Ghettos eingezeichnet sind. Die Museumsführerin erwähnt ein Buch mit dem deutschen Titel „Es gibt keinen jüdischen Wohnbezirk in Warschau mehr“, den nach seinem Autor so genannten Stroop-Bericht. Lena hat ihn zuhause in Deutschland während ihres Geschichtsstudiums gelesen: eine akribisch genaue buchhalterische Aufstellung über den Vorgang der „schrittweisen Ausschaltung von Juden und Banditen“ im Warschauer Ghetto.
Im Museum des Kibbuz der Holocaust-Überlebenden, Lohamej haGeta'ot ist der Ghetto-Aufstand im Modell anschaulich nachgebaut. Israelische Schüler sollen sich ein lebendiges Bild vom verzweifelten Heldenkampf ihres Volkes machen können. An den Wänden hängen die Fotos der Aufständischen: junge, entschlossene Gesichter, nur wenige haben überlebt. Die deutschen Reisenden lauschen schweigend den Erläuterungen der Museumsführerin. Einige stellen Fragen. Lena hat das Gefühl, eigentlich auf alle eine Antwort zu wissen.
Als der Vater gestorben war, hat sie in seinem Nachlass einen halb zerrissenen, klein zusammengefalteten Stadtplan von

Warschau gefunden, mit der Aufschrift 1943, dem Jahr des Ghettoaufstands. Die Grenzen des „jüdischen Wohnbezirks" sind exakt eingetragen, die Beschriftung deutlich in deutscher Sprache zu lesen. An einer Stelle am Rand gibt es schmutzigbraunrote Flecken wie von Blut. Diese Flecken waren Lena von Anfang an irgendwie unglaubwürdig erschienen. Kein SS-Wachmann wird mit dem Stadtplan in der Hand durch das Ghetto gelaufen sein und sich dabei an der Hand verletzt haben. Vielleicht war es ein Streifschuss?

Nun erzähl' doch endlich, wie du geschossen hast! Der freundliche grauhaarige Journalist und Friedensaktivist, Uri Avneri, der die deutsche Gruppe durch den Kibbuz geführt hat, findet die Berichte der resoluten hageren alten Dame, einer Überlebenden des Ghetto-Aufstandes, offenbar etwas zu langatmig. Befreites Lachen im Auditorium. Ja, natürlich hat sie geschossen, mutige junge Kämpferin, mit geschmuggelten Waffen und wehendem Haar!
Auch Lena ist erleichtert. Wenigstens haben sie sich hier endlich einmal gewehrt, die Juden, sind nicht nur Opfer gewesen! Vielleicht läuft die Rede der alten Dame immer so ähnlich ab, und die jungen israelischen Soldaten, die hier wohl häufiger sitzen als angegraute deutsche Touristen mit ihrer beschwiegenen Familiengeschichte im Rucksack, atmen an dieser Stelle immer auf, nach der zermürbenden Aufzählung so vieler sinnloser Opfer, wie sie in den anderen Museen dokumentiert werden. Und wir? Bleibt niemandem in der Gruppe das Lachen im Hals stecken? Vielleicht ist es dieser mutigen Kämpferin ja tatsächlich gelungen, einen SS-Soldaten zu töten, wenigstens zu verletzen mit einem Streifschuss, wie er da steht mit seinem Stadtplan, in einem orientierungslosen Moment?
Aber vielleicht ist der Vater gar nicht direkt in die Kämpfe verwickelt gewesen. Gewiss saß er in einer Amtsstube, um die Zahlen

nach jedem erfolgreichen Kampfeinsatz gewissenhaft zu ergänzen für seinen Vorgesetzten. Und das Blut wird vom Rasieren sein.

Am Abend gibt es ein wohlschmeckendes orientalisches Menü, die israelische Küche schmeckt den Reisenden, auch das Hotel ist bequem, der überdachte Swimmingpool groß und das Wasser sogar für Paul warm genug. Manchmal läuft Lena morgens ein paar Schritte barfuß am Strand entlang. In der Umkleidekabine unter lauter alten Damen aus den USA versucht sie möglichst akzentfreies Englisch zu sprechen oder schweigend zu lächeln.
Tags darauf wird es Gespräche geben mit Vertretern verschiedener politischer und religiöser Gruppierungen: ein samaritischer Geistlicher samt reich geschmückter schweigender Gattin in einer orientalisch anmutenden Synagoge, ein palästinensischer Professor von der Universität Nablus, der mit internationalen Friedensforschern zusammenarbeitet, ein orthodoxer jüdischer Siedler mit Bart und Kippa, der mit ausladend pathetischen Armbewegungen auf die biblischen Wanderungen der alten Israeliten verweist, die selbstverständlich genau auf diesen Berg geführt haben, wo er jetzt mit Familie in einem schmucken Reihenhäuschen mit gut bewässertem Gärtchen wohnt. In der Talmudschule unterrichtet er junge Russen. Die Straßen der Siedlung sind noch im Bau.

Es ist gut, denkt Lena, dass es die israelische Friedensbewegung gibt.
Es ist gut, dass es diese eindrucksvollen Museen gibt. In einem erzählen aus Lautsprechern helle Stimmchen in englischer Sprache von schrecklichen Schicksalen der ermordeten Kinder: „There are no daffodils in the Ghetto."
Es ist gut, dass das Meer warm ist in Netanya und die Sonne

über die christlichen Stätten am See Genezaret scheint, wo Jesus die Fische vermehrt und Petrus sein Haus gebaut hat, seit Jahrhunderten gut behütet von orthodoxen Mönchen.
Es ist gut, hergekommen zu sein. Auf diesen christlichen Ruinen, so wenig authentisch sie sein mögen, fühlt sich Lena etwas weniger verlassen, ein bisschen mehr zuhause als anderswo in diesem so fremden Land.

Was bleibt, ist die Frage nach dem Vater. Lena wird sie mit nach Hause nehmen. Welche Antwort hat sie in Israel gesucht? Eine Tafel, auf der geschrieben steht: „Johann S. ist nicht dabei gewesen"?
Ein paar Jahre früher, bei einer Studienfahrt nach Polen, ist Lena wirklich in Warschau gewesen, im Schutz einer Reisegruppe auch dort. Vom Ghetto ist nach der deutschen Bombardierung nichts mehr übrig, nur ein Baum mit Gedenkzettelchen, und das Heldendenkmal, vor dem der deutscher Bundeskanzler Willy Brandt auf die Knie gesunken war. Die Tränen des Vaters, damals vor dem Fernsehschirm, waren der Tochter peinlich gewesen, und seinem Satz, darauf habe er sein Leben lang gewartet, hat die Tochter keine Bedeutung beigemessen, nicht nachgefragt: warum?
Im Keller des Pawiak-Gefängnisses, der jetzt ein Museum ist, gibt es ein Foto. Von Deutschen erhängte „Banditen", Polen oder Juden, sind darauf zu sehen. Den Ortsnamen, glaubt Lena als Kind manchmal gehört zu haben, wenn der Vater wieder einmal „vom Griag" geträumt hatte: Es klang wie Tschetschewitsche. Die Mutter wechselte dann immer sofort das Thema.
Für die Kranzniederlegung in Yad Vashem am letzten Tag hat die Reiseleiterin einen Text mitgebracht und sucht jemanden zum Vorlesen. Weil Paul in ihrer Nähe steht, gibt sie ihm das Papier in die Hand. Und Paul liest:

Solange ich darauf beharre,
dass das Stück Land,
auf dem dein Fuß steht,
mir gehört,
wird dort kein Brot wachsen.

## Stern über der Stadt

Als Lena ein Kind war, leuchtete ein Stern über der Stadt. Der Vater zeigte ihn dem Kind in der abendlichen Dämmerung, und es sah aus, als käme er geradewegs vom Himmel. Mit seinen leuchtend goldenen Konturen, mit sechs Spitzen, überstrahlte er den Königsplatz, wo sie immer umsteigen mussten mit der Straßenbahn, wenn Lena mit dem Vater in die Stadt fahren durfte, zu Verwandtenbesuchen oder in die hochaufragenden gotischen Kirchen, in jenen Wochen vor Weihnachten.
Dass der Stern an einem meterhohen Schornstein über den Dächern der Elektrizitätswerke befestigt ist, konnte man nur am Tage sehen, aber weil er tagsüber ja nicht leuchtet, sah das Kind nicht hinauf.
Ihr Stern gehörte zu den Wundern der Stadt, die der Vater Lena zeigte: Hoch über all den irdischen Sternen, in den Schaufenstern der Geschäfte und an den historischen Giebeln der Häuser, kam er von ganz oben her, vom Himmel.

Lange Jahre nach dem Tod der Eltern schlendert Lena über den Augsburger Christkindlesmarkt. Auf der Suche nach der passenden Straßenbahn, die sie zur Wohnung der ehemaligen Schulfreundin bringen soll, geht sie in der Dämmerung in Richtung Königsplatz. Vieles hat sich verändert, alte Geschäfte sind verschwunden, die Verkehrsführung stimmt nicht mehr, das alte holprige Straßenpflaster ist geglättet, Bäume sind gefällt worden. Aber plötzlich sieht sie den Stern über den Elektrizitätswerken glänzen, ihren Stern, seine leuchtenden Konturen mit sechs Spitzen, wie ihn ihr der Vater damals immer gezeigt hat, als Lena ein Kind war.

Lena kann sich nicht dagegen wehren, dass sich die Konturen des Sterns jetzt in ihrer Fantasie in die Innenfläche hinein ver-

längern und zueinander finden. Die beklemmenden Fotos aus den Fachbüchern ihres Geschichtsstudiums legen sich unerbittlich über die helle Kindheitserinnerung: Wenn Lena die Augen schließt, werden die Ränder schwarz, der Innenraum aber leuchtend gelb!
Hastig steigt Lena in die Straßenbahn, die in diesem Moment vor ihr hält. Aber die Bilder lassen sich nicht mehr wegschieben: Die Straßenbahn hält vor dem Renaissance-Rathaus, das im Krieg zerstört gewesen ist und dessen „Goldener Saal" zur 2000-Jahr-Feier der Stadt in originalgetreuem Prunk restauriert worden ist. Als Kind stand Lena oft vor den Fragmenten der Wandgemälde in dem großen leeren Raum und versuchte sich vorzustellen, was auf den riesigen leeren Flächen wohl einmal zu sehen gewesen war. Kindergeheimnisse, die vielleicht nicht einmal der Vater kannte. Auch die sind verschwunden.
Die kunstvoll geschmiedeten schwarzen Fenstergitter des Rathauses, die Lena durch die großen Fenster der Straßenbahn sehen kann, bilden jetzt plötzlich die Form der schwarzen Ränder jener gelben Sterne, wie sie sich einstmals die Juden auf die Kleider nähen mussten, diesmal vollständig, auch mit den inneren Verbindungslinien, nicht nur als Konturen wie bei dem Elektrizitätswerke-Stern. Als die Straßenbahn sich in Bewegung setzt, werden die Gitter wieder zu den senkrechten und waagrechten Linien, wie Lena sie als Kind gekannt hat, und selbst als sie auf die Fenstergitter zurück schaut und die Perspektive sich noch einmal verändert, entstehen keine Sterne mehr.

Lena wird zu ihrer Freundin fahren, die auf sie wartet. Sie werden Erinnerungen austauschen über die Kinderzeit in ihrer Stadt, und es wird schön sein! Aber was sie von der Straßenbahn aus gesehen hat, jene Fenstergitter des Rathauses, die sich plötzlich zu Sternen verwandelten, wird Lena der Freundin nicht erzählen. Der Stern leuchtet über der Stadt.

## Einmal das Meer sehen

Die beiden Schülerinnen sind die jüngsten Wallfahrer im Reisebus von Augsburg nach Lourdes. Die alte Dame mit Krückstock und hochgestecktem Haar lächelt ihnen freundlich zu. Der dicke Gastwirt mit der roten Nase, im Sonntagsanzug, auf dem Schoß eine flache abgewetzte schwarze Aktentasche, schimpft jedes Mal, wenn sie nach einer der vielen Pausen ein paar Minuten zu spät zum Bus zurückkommen – er hat seine Zeit schließlich nicht gestohlen! Die Heilige Jungfrau von Lourdes soll seine Leber heilen, so schnell wie möglich möchte er dort sein. Es ist ihm ernst mit seinem Glauben, diesen jungen Damen unterstellt er hingegen die reine Abenteuerlust. Das fröhliche Ehepaar um die vierzig nimmt die Mädchen dann jedes Mal in Schutz – wir waren doch auch mal jung! Und der Busfahrer fragt muffelig, was die beiden eigentlich hier wollen, mit 17 Jahren im Wallfahrerbus unter lauter alten gebrechlichen Leuten?
Einmal das Meer sehen, denkt Lena, und sagt es nicht. Mit den Eltern ging es im Urlaub immer in die Berge. Das Meer haben die Eltern nie gesehen, ihr ganzes Leben lang nicht. Zuerst kam die Arbeit, dann die Arbeitslosigkeit, später „d'r Griag". Kein Geld für das Meer. Keine Zeit für das Meer. So hatte der Vater es dem Kind erzählt. Auch in den alten Fotoalben aus der Zeit „vor am Griag", die sie als Kind auf dem Schoß des Vater ansehen durfte, hat Lena nur Berge gesehen, manchmal verschneite Gipfel und blühende Hochflächen, den Vater in Hemd und Lederhose und die Mutter im Dirndl, oder den Vater mit einem seiner Brüder in warmen Wolljacken und Bergstiefeln.
Kein Meer.

Jetzt hat Lena Schulferien und der Wallfahrerbus ist die preisgünstigste Möglichkeit ans Meer zu kommen. Die Freundin hat das katholische Reisebüro in der nördlichen Vorstadt ausge-

kundschaftet und beide schnell angemeldet, es ist ihr letzter Sommer vor dem Abitur.
Kurz vor Marseille rennen die beiden Mädchen in einer Abendessenspause an den Strand und werfen die Kleider in den schmutzigen Sand. Es dämmert schon und die Wellen umspielen ihre erhitzten Körper kühl und salzig, es riecht nach Fisch und nach Unrat. Zum Trocknen setzen sie sich auf einen Stein. Die Freundin lässt ihre Kamera im Rucksack, zum Fotografieren ist es inzwischen zu dunkel. In dem billigen Touristenhotel, wo die Mitreisenden währenddessen ihr Abendessen einnehmen, bleiben zwei Plätze leer. Wahrscheinlich schimpft der dicke Gastwirt über eine solche Verschwendung, und die freundlichen Eheleute lächeln einander verständnisvoll zu. Sie beneiden die beiden Mädchen um ihre Jugend, die schließlich mit nassen zerzausten Haaren, gerade noch rechtzeitig zum Nachtisch, in dem düsteren verrauchten Speisesaal auftauchen – habt ihr wirklich im Meer gebadet?
Am andern Tag erreichen sie den Atlantik. Die hohen heftigen Wellen erschrecken die Mädchen, vorsichtig tasten sie sich mit bloßen Füßen vorwärts im feuchten Sand – jetzt vielleicht doch lieber nur ein Foto, kein Bad? Da steht der dicke Gastwirt aus dem Bus in seinem schwarzen Sonntagsanzug, den Hut auf dem Kopf, die Plastiktüte mit dem Lunchpaket in der einen und seine alte schwarze Aktentasche in der anderen Hand, schweigend im feuchten Sand, in den seine sauberen schwarzen Schnürschuhe ein wenig einsinken, und schaut auf die Wellen hinaus. Er schimpft nicht mehr, er sieht die Mädchen nicht, er sieht nur das Meer.
Lenas Freundin greift nach der Kamera.
Der Vater, durchfährt es Lena plötzlich, genau so würde der Vater jetzt hier am Meer stehen, wenn er dabei sein könnte, endlich, im Alter,– zum ersten Mal in seinem Leben! Vielleicht könnten sie ja einmal miteinander hinfahren, später, wenn sie,

Lena, den Führerschein und ein eigenes Auto haben würde. Der Vater hatte nie ein eigenes Auto, er habe seinen Führerschein „aus 'em Griag" nicht verlängern lassen können. Lena hat nie nachgefragt, warum.
Mit seinen vielleicht sechzig Jahren, so alt wie Lenas Vater, steht der dicke Wirt noch immer im feuchten Sand und schaut schweigend ins Ferne. Lena fährt sich mit der Hand über die Augen und zieht schniefend ein wenig die Nase hoch, die Freundin hat leider auch kein Taschentuch. Was ist denn los mit dir? Nein, sie will jetzt nicht mit aufs Foto.

Es ist so einfach, denkt Lena: Mit ihren 17 Jahren fährt sie mit der Freundin ans Meer. Mit ein paar Wochen Ferienarbeit hat sich die Reise problemlos finanzieren lassen. Aber Marie und Johann waren in diesem Alter, in der Zeit der Wirtschaftskrisen der Weimarer Republik, entweder in der Lehre oder gerade gekündigt und ohne Arbeit und Auskommen, und lagen ihren Eltern, Lenas Großeltern, die auch nicht viel hatten, auf der Tasche. Das Arbeitslosengeld war gerade erst eingeführt worden. Viel werden sie nicht bekommen haben, vielleicht gar nichts, jedenfalls zu wenig für eine Reise ans Meer.
Die Heilige Jungfrau von Lourdes sehen die Mädchen nur kurz in ihrer Grotte stehen, im weißen Kleid mit blauem Umhang, künstlich beleuchtet und von Plastikrosen umrankt. Hinter ihnen schieben und drücken die Pilgermassen nach. Unter den Rollstuhlfahrern und den Schwerkranken, die auf Liegen an der Heiligenstatue vorbei getragen werden, fühlt sich Lena fehl am Platz. Was will sie denn hier? Worum sollte sie die Heilige Jungfrau bitten? Sie wollte doch nur auf möglichst billige Weise einmal ans Meer reisen! Ach ja, natürlich: dass die Eltern gesund bleiben, damit sie vielleicht doch einmal mit der Tochter im Auto ans Meer fahren können! Das wäre schön. Bitte, heilige Jungfrau! Lena lächelt in die Kamera der Freundin.

Jahre später, Lena ist erwachsen und die Eltern lange tot, findet sie im Nachlass des Vaters mehrere Kistchen mit Foto-Negativen aus den Dreißigerjahren. Neugierig hält Lena die kleinen Plastikbildchen ins Licht. Nur von wenigen kennt sie die Abzüge aus den Fotoalben der Eltern, die sie als Kind manchmal gemeinsam angesehen hatten. Die meisten zeigten ein junges Paar in Dirndl und Lederhose, vor einem Alpengasthof mit Bergkulisse: die schönen Zeiten!
Auf einem der Negative ist der Vater zu sehen, als junger Mann im Kreis fröhlich lachender Kameraden in Lederhosen und mit Rucksäcken, vor einem Eisenbahnzug, in den sie wahrscheinlich gleich einsteigen werden. Das Foto hat Lena noch nie gesehen. Einige der jungen Männer halten demonstrativ Plakate in die Kamera: „Danzig bleibt deutsch" steht darauf, und auf einem anderen „An die Ostsee mit Kraft durch Freude".
Danzig, Lena wundert sich, die Ostsee, das ist doch das Meer!

***Bild 5: Danzig-Reise: Ankunft in Augsburg/Seebad Zoppot bei Danzig***

# Die rote Gartenbank

An einem Sommertag stellt Lena die alte rote Gartenbank aus dem Augsburger Elternhaus vor ihr Tübinger Haus. Da gehört sie hin! Das ist ihr Platz. Lange genug hat die Bank, ein bisschen vergessen, hinterm Haus auf der Terrasse gestanden. Seit dem Tod des Vaters vor mehr als 30 Jahren hat Lena sie nicht mehr gestrichen. Die Farbe blättert langsam ab, aber die Katze legt sich darauf und genießt die Morgensonne. Einzig die Bank ist übrig geblieben aus dem Garten ihres Elternhauses. Lena hat sie mitgenommen in ihr neues Leben in Tübingen, in den Garten ihres Hauses, ihrer neuen, eigenen Familie mit Paul.

Als Lena ein Kind war, hat der Vater die Gartenmöbel regelmäßig sorgfältig gestrichen: weiß die metallenen Gestelle, rot die darüber liegenden schmalen Holzleistchen. Zwei Stühle, ein Tisch, die Bank. Das Kind hätte die Möbel schon damals lieber vor dem Elternhaus aufgestellt, auf die Südseite, wo die Sonne schien! Aber der Vater hatte hinterm Haus eine Laube an die Garagenmauer angebaut, im Norden. Nur selten traf sich die Familie dort zum Nachmittagskaffee. Es war kalt, und die Mutter fand es ein wenig mühsam, die Gedecke aus der Wohnung im Obergeschoss die Treppe hinunter, durch die südlich gelegene Haustür, nach hinten in die neue Laube zu tragen. Die helle Sonnenseite zur Straße hin blieb unbelebt. Nur manchmal trug die Schülerin ihren Liegestuhl nach vorne, um sich zu sonnen und dabei ihre Hausaufgaben zu machen oder ein Buch zu lesen. Die Eltern sahen es nicht gern.

„Gell, beim nägschd'n Mol schau' mer aber dia Kischd mit di alt'n Foddos doch amol durch!“ Immer wenn Lena am Ende eines Besuchs bei der Mutter aufbrach, kam dieser Satz, fast eine Abschiedsformel: bedauernd, dass sie es diesmal wieder

nicht geschafft hatten, ganz fest eingeplant für ein nächstes Mal, Vorfreude und gegenseitige Versicherung. Immer war die Zeit zu kurz, Lena auf dem Sprung, zurück zum Studium, später zum Beruf, der eigenen Familie. Immer gingen der Mutter die Besuche viel zu schnell vorbei, und die Fotokiste, ganz hinten in einem der unteren Fächer des Wohnzimmerschranks, blieb verschlossen.
In Lenas Kindheit liegen vier oder fünf in Leinen gebundene Fotoalben in der unteren linken Schrankschublade. Im braunen Fotokarton mit passend ausgeschnittenen Ecken stecken kleine gezackte schwarzweiße Bildchen. Sie zeigen fröhliche junge Menschen in altmodischen Sommerkleidern, Dirndl und Knickerbocker, winkend und lachend, meist vor Bergkulissen oder alpenländischen Häusern, oder mit einem Glas in der Hand, verkleidet im Fasching, gruppiert vor einem Weihnachtsbaum – Menschen, die später Lenas Eltern werden sollten, heiter und hoffnungsfroh, in einer längst vergangenen schönen Zeit: Johann und Marie. Der Vater hatte die Bilder mit einem weißen Farbstift in seiner ordentlichen Handschrift genau bezeichnet: Datum, Ort, Ereignis.

In der Schule lernt Lena den Umgang mit Papier, Schere und Klebstoff und fängt an, den Alben einzelne Bilder zu entnehmen, ohne bei den Eltern auf Widerstand zu stoßen. Sie klebt all jene Bilder, die ihr gefallen, in ihr eigenes Album und lässt die Bücher der Eltern verstümmelt zurück. Oft sind es Verwandte, die sie gar nicht kennt oder nicht mag, oder Bilder, deren Beschriftung sie nicht versteht oder unwichtig findet: die alten Busse mit der Aufschrift „Kraft durch Freude“, die Fahne mit dem Hakenkreuz vor einer Hauswand, das Hitlerbild über dem Sofa.
Wie lange lagen die geplünderten Alben im Wohnzimmerschrank? Warum waren die Eltern nicht eingeschritten? Hatten sie das Kind vielleicht sogar unterstützt beim „Bereinigen“ der

Fotoalben? Fiel dieses Wort: bereinigen? Und wann sind die restlichen Bilder in der Fotokiste verschwunden, von der später so oft die Rede war? Lena erinnert sich nicht.
Vielleicht galt auch hier das Motto „Fort mit Schad'n"? Dem waren Lenas Puppen und Spielsachen irgendwann zum Opfer gefallen, als sie in den Semesterferien wieder einmal in Augsburg im Schreibbüro arbeitete, bei Siemens auf der anderen Seite des Siebentischwalds, ganz früh mit dem Fahrrad zwischen den Bäumen, auf den Blätter noch der Tau. Da begann sie eines Abends im elterlichen Dachboden zu suchen und konnte nichts mehr finden. Mit Worten wie „ach, dees alde Glump! Bloß naus damit! Ford mit Schad'n", begegnete die Mutter damals lachend den zuerst verblüfften, dann entrüsteten Nachfragen der Tochter.
Und die Fotokiste? Hatte die Mutter sie nach Vaters Tod bei ihrem Umzug ins Altenstift mitgenommen? Da muss sie ja noch dagewesen sein. Welchen Sinn hätten sonst die Abschiedsrituale gehabt, die immer dringlicher zu werden schienen, je älter die Mutter wurde? „Gell, beim nägst'n Mol ..." Lena nahm sich die Sache jedes Mal ganz fest vor, ihr Interesse wuchs von einem Besuch zum andern: Waren doch viele lang Verstorbene auf diesen Bildern zu sehen, die Lena nicht mehr kannte. Nur die Mutter könnte von ihnen berichten, ihr Leben dem endgültigen Vergessen entreißen.

Krankheit und Tod der Mutter kamen schnell. Lena hat eine Familie gegründet und sich in ihrem Beruf als Lehrerin engagiert. Keine Fragen an die Vergangenheit.
Jahre später steigt Lena eines Tages die Kellertreppen hinunter, um im Schrank mit den Erinnerungsstücken der Eltern nach der Fotokiste zu suchen. Sie öffnet Schubladen und Schranktüren, findet Arbeitszeugnisse und Ehrenabzeichen, Ausweise, Silbermünzen und Besitzdokumente, Gebetbücher und Briefe. Keine Spur von der Fotokiste.

Von den wenigen verstreuten Bildern fällt Lena plötzlich eines in die Hände, das sie nie zuvor gesehen hat: Vor dem Elternhaus in der Gartenstadt, auf der südlichen Sonnenseite, sitzen eine Reihe gut gelaunter junger Menschen auf der roten Gartenbank! Lena erkennt Johann und Marie, die Eltern, in Dirndl und Lederhose. Eine Freundin, die sie als Kind später „Tante Hilde“ nennen würde, „noch em Griag“, mit einem gut aussehenden heiteren Mann an ihrer Seite, den Lena nicht kennt – wohl ihr Ehemann, Johanns Freund und Druckerkollege. „Der Sepp is in Schdalingrad g'falln, des war mei beschdr Freind“.
1940 steht auf der Rückseite, in Vaters sorgsamer Handschrift, da waren die Eltern drei Jahre verheiratet und der „Griag“ offenbar noch recht fern – eine sommerliche Idylle auf der Südseite des Elternhauses, in der Sonne!
Dahin stellt Lena jetzt die alte rote Bank, endlich wieder an ihren richtigen Platz, vor das neue Haus, in ihr neues Leben.

***Bild 6: Marie und Johann 1935***

## Vor Gericht

Das mächtige klassizistische Gebäude des Amtsgerichts liegt dem Stadttheater gegenüber, es ist rosa und hellgrau verputzt – ein gelungenes Beispiel zeitgerechter Denkmalpflege, mit seinen großen Fenstern und seiner ausladenden Freitreppe, ein Prachtschloss der Gerechtigkeit.
Lena steigt die breiten Treppen hinauf, um sich verurteilen zu lassen. Sie ist neunzehn Jahre alt, das riesige Gebäude wirkt düster und abschreckend, einschüchternd und bedrohlich. Ist schon einmal jemand aus ihrer Familie diese Treppen zu seiner Verurteilung hinaufgestiegen? Lena weiß davon nichts, es wird lange zurück liegen oder es war nie geschehen.
Aber jetzt muss, endlich, das Recht siegen über das Unrecht. Während der ganzen Busfahrt hat sich Lena mit klopfendem Herzen überlegt, wie sie es anstellen könnte, das Gerichtsgebäude zu betreten, ohne dass Eva, die eine Haltestelle nach ihr eingestiegen ist und ihr jetzt gegenüber sitzt, es mitbekommen würde. Eva ist nur wenig älter als Lena und hat soeben das Abitur bestanden und eine Ausbildung als Rechtspflegerin begonnen. Das Jurastudium sei ihr zu lang, aber sie wolle etwas für Recht und Gerechtigkeit tun, für die Demokratie. Das seien wir der schrecklichen Vergangenheit Deutschlands schuldig, jeder müsse sein Teil beitragen zu einem Neuanfang! Mit ihrer Mutter, einer Kriegerwitwe aus Schlesien, lebt Eva in einer winzigen Zwei-Zimmer-Wohnung, in der Lena sich schon bei ihrem ersten Besuch wohlgefühlt hat: das helle romantische Mädchenzimmer, das schlicht aber liebevoll eingerichtete Zimmer der Mutter, beide zugleich Wohn- und Schlafzimmer, moderne Kunstdrucke an den Wänden, das Foto eines heiteren jugendlichen Mannes in Soldatenuniform, Blumen und Bücher, Leben und Menschlichkeit. Die Mutter, eine groß gewachsene,

selbstbewusste und freundliche, wohl auch gebildete, Frau, arbeitet den ganzen Tag in einer Wäscherei.
Lenas Elternhaus hingegen hat dicke Mauern und altmodisch eingerichtete Räume, dunkle Möbel und Teppiche aus den dreißiger Jahren, ein kahles Treppenhaus mit gelblichen ölfarbenen Wänden, von denen ein strenger Geruch ausgeht, im Garten ein sauber gekürzter Rasen, zurechtgestutzte Pflanzen und Sträucher, nur wenige Blumen, wie Soldaten aufgereiht. Marie ist nach Lenas Geburt nicht mehr in ihren Beruf zurück gekehrt.

Vor ein paar Monaten waren Lena und Eva zusammen mit ihren beiden kirchlichen Mädchengruppen zu einem Freizeitaufenthalt in die Berge gefahren, zum gemeinsamen Wandern und Kochen, zum abendlichen Singen am Lagerfeuer. Lenas Frohschar-Mädchen beneideten Evas Pfadfinderinnen um ihre hellblauen Uniformen, die wilden abenteuerlichen Lieder und die innigen Gebetstexte, und traten nach der Rückkehr geschlossen aus der „Frohschar" aus und zu den „Pfadis" über. Evas Lebensfreude hatte in den Herzen der zehn- und elfjährigen Kinder den Sieg davon getragen über Lenas aufklärerische Absichten: Sie wollten Roy Blacks Schlager lieber singen, anstatt sie auf ihr reaktionäres Frauenbild hin zu analysieren, wie Lena es in ihrer Schule gelernt hatte und den elfjährigen Mädchen nun beizubringen versuchte.

Jetzt sitzt Lena im Bus Eva gegenüber und fährt zu ihrer Verurteilung. Weiß die Freundin etwas darüber? Lena stellt sich vor, wie sie in ein paar Minuten der angehenden Rechtspflegerin vor Gericht gegenüber stehen und von ihr zur Rechenschaft gezogen werden wird. Mit heftig klopfendem Herzen unterhält sie sich trotzdem lächelnd mit Eva: ob das Abi schwer gewesen sei, ob ihr die Ausbildung Spaß mache. Was Eva heute im Gericht zu tun hat, weiß sie ja. Immerhin kann ich versuchen, denkt Lena,

ihr auszuweichen: Ich steige einfach eine Haltestelle später aus und gehe dann zu Fuß zum Gerichtsgebäude zurück, wenn Eva es längst betreten hat.
Als Lena im Gerichtssaal gegenüber dem Staatsanwalt einen Nachbarn aus der Gartenstadt entdeckt, erschrickt sie. Dass Herr B. beim Jugendamt beschäftigt ist, hat sie vergessen. Was will der hier? Weiß er alles? Was hat die freundliche ältere Sozialarbeiterin, bei der Lena eine Art Zwangsberatung zu absolvieren hatte – gottlob waren die Eltern nicht zuhause, als der Anruf kam – was hat diese mütterlich wirkende Frau mit dem hochgesteckten Haar und dem zugewandten Blick ihm über Lena erzählt? Offenbar weiß er alles! Es ist zu spät. Alles wird jetzt ans Licht kommen, es gibt keine Ausreden mehr. Wie klug von diesem Gericht, einen Nachbarn heranzuziehen, einen Mitwisser, der alles über Lenas Straftat der Welt verraten würde, die ganze Wahrheit! Sie hat keine Chance mehr. Gleich würde also auch Eva herein kommen, die alles weiß, auch sie, und dann käme das Urteil, unweigerlich und ohne Erbarmen.
Als der Richter Lena mit ihrem Namen anspricht, steht sie auf, lächelt freundlich und gibt sich unbeschwert, wie sie es in all den Jahren von ihrer Mutter gelernt hat: „Immer nur lächeln und immer vergnügt ...“ Vielleicht gibt es doch noch eine klitzekleine Chance, dem anscheinend unausweichlichen Urteil zu entgehen, vielleicht gelingt es Lena, den Richter herumzukriegen, mit ihrem jugendlichen Charme und ihrer gespielten Unbefangenheit?
Der Nachbar sitzt ruhig auf seinem Platz. Die Tür, aus der Eva gleich eintreten wird, ist noch immer verschlossen. Lena atmet tief, lächelte und versucht, sich ihre Angst nicht anmerken zu lassen.
Ob sie denn das Schlüsseletui so dringend gebraucht habe, fragt der Staatsanwalt, ob ihr altes vielleicht kaputt gewesen oder verloren gegangen sei? Lena schweigt irritiert. Hat das nicht

auch die Sozialarbeiterin schon gefragt? Das war überhaupt das Erste, was sie von Lena wissen wollte, nach dem Kompliment für ihren braunen Cord-Hosenanzug, den selbst genähten. Ja, danach fragte die freundliche ältere Dame tatsächlich, so einen Anzug bekäme man ja nicht im Kaufhaus, der stünde ihr wirklich gut zu ihrem flotten Pferdeschwanz! Es sei ja überhaupt ganz ungewöhnlich, dass ein junges Mädchen, das so einen guten Eindruck mache wie Lena, sich vor Gericht verantworten müsse! Lena nickt: Sie habe ja auch gar nichts gestohlen! Sie habe es das Schlüsseletui in die Hand genommen und angesehen, in Gedanken schon bei der bevorstehenden Chorprobe, es dann wieder zurückgelegt, weil sie es ja gar nicht kaufen wollte, und plötzlich stand dieser schreckliche Mensch vor ihr, packte sie am Arm und zerrte sie in einen Nebenraum, wo schon ein Polizist und ein anderer offenbar wichtiger Mensch standen, als hätten sie auf Lena gewartet.
Hat die Sozialarbeiterin Lena geglaubt? Daran kann sie sich nicht erinnern, nur an die Fragen zu ihrer Lebenssituation, ihren Hobbys und schulischen Plänen. Vermutlich hat Lena von dem Theater-Chor erzählt, der ihr viel bedeutete, und dass sie studieren wollte nach dem Abitur, gegen den Wunsch ihrer Eltern, vielleicht Theaterwissenschaften? Davon würden die Eltern erst im letzten Moment erfahren, wenn es soweit wäre. Hatten sie ihr doch damals selbst den Kontakt mit der englischen Brieffreundin verboten, den ihr die Realschullehrerin wegen guter Englischnoten vermittelt hatte – aber Ihr müsst die Eltern fragen! „Mir komma koane Fremd'n ins Haus" – die Worte des Vaters. Aber was ging das diese Sozialarbeiterin an?
Nein, lacht Lena jetzt munter auf und wendet sich an den Staatsanwalt, sie habe natürlich kein Schlüsseletui gebraucht. Besitze sie doch ein viel schöneres, aus weichem rotem Leder, das Erbstück einer Tante! Dasjenige, das sie angeblich im Kaufhaus gestohlen haben soll, war dagegen aus billigem Kunstleder,

schwarz und starr. Deshalb habe sie es ja auch wieder zurückgelegt, sie brauchte es wirklich nicht!
Warum sie es denn dann aber überhaupt entwendet habe? Das habe sie ja gar nicht – Lena warf ihr langes blondes Haar zurück. Sie ist nicht zur Kasse gegangen mit dem Etui, weil sie es ja nicht kaufen wollte. Sie habe es doch gar nicht gestohlen!
Das sehe die Anklage allerdings anders – der Staatsanwalt sieht jetzt mit strengem Blick auf ein Blatt Papier vor ihm. Der Kaufhausdetektiv habe den Diebstahl beobachtet und ausgesagt, die Angeklagte habe den entwendeten Gegenstand an einem anderen Platz als dem ursprünglichen deponiert, um der berechtigten Verfolgung durch ihn zu entgehen. Lena versucht sich an das triumphierende Gesicht des blassen jungen Mannes zu erinnern, der sie im Kaufhaus plötzlich gewaltsam am Arm gepackt und in ein Nebenzimmer gezerrt hatte. Sie würde ihm gerne ihre Meinung sagen, hier vor Gericht. Aber er ist ja gar nicht da! Es gibt nur das Papier, niemand ist erschienen, um gegen Lena auszusagen.
Das alles scheint aber ohnehin bedeutungslos zu sein. Der Nachbar vom Jugendamt schweigt. Das Urteil steht offenbar fest! „Die Angeklagte, der entwendete Gegenstand, die gerechte Verfolgung" – so steht es auf dem Papier des Staatsanwaltes, das also muss die Wahrheit sein!

Gib's endlich auf, sagt etwas in Lena. Da ist es wieder: das Gefühl des unausweichlichen Urteils, der berechtigten Verfolgung! Ja, es gibt keinen Ausweg, die Angeklagte hat keine Chance. Die Freundlichkeit des Richters ist nur Schein, ein Trick, um Lena zu einem Geständnis zu bewegen, obwohl doch völlig klar ist, dass sie auch ohne Geständnis verurteilt würde, ungeachtet ihrer Unschuld, alles steht doch längst fest. Gleich würde Eva hereinkommen und gegen sie aussagen. Und warum schweigt denn der Nachbar noch immer? Warum sagt er denn nicht endlich alles, was er über Lenas Schuld weiß, vielleicht auch die ihres Vaters, ihres Onkels, die ganze lang verborgene Wahrheit?

Dann hätte diese Angst endlich ein Ende.
Der Staatsanwalt ist sich sicher, Lena ist schuldig! Schuldig wie der Vater, seine Brüder, ihre ganze Familie! Sie alle sind schuldig und das Gericht weiß das genau, seit langem ist es bekannt. Wozu also überhaupt die Fragerei, das ganze Getue? Damit die angehenden Rechtspfleger etwas über Gerechtigkeit und Demokratie lernen, die vielleicht schon lange hinter ihr in den Zuschauerbänken sitzen – also deshalb kommt Eva nicht zur Tür herein, ja nur deshalb! Sicher ist sie längst da, hat alles mit bekommen. Lena wagt sich nicht umzudrehen. Sie sitzt in der Falle.
Jetzt steht der Nachbar auf. Er wird jetzt auch alle Verbrechen aufzählen, alles wird ans Licht kommen und Lena wird viele Jahre ihres Lebens hinter Schloss und Riegel verbringen, für den Vater, für seine Brüder, für die ganze Familie. Lena lächelt Herrn B. freundlich zu. Seine Tochter ist mit ihr in die Grundschule gegangen, danach aber aufs Gymnasium. Lena hat sie damals beneidet, weil sie selbst weiter zur Volksschule gehen musste, trotz besserer Noten. Mittlerweile hat Lena zwar den Zugang zum Gymnasium geschafft, nach der Realschule und einer anschließenden Übergangsklasse. Aber die Nachbarstochter ist schon in Evas Klasse und hat mit ihr zusammen gerade das Abitur abgelegt. Natürlich, fällt es Lena ein, sie sind ja Freundinnen, auch deshalb weiß Eva alles!
Die ganze schreckliche Wahrheit.
Herr B. spricht jetzt über Lenas Schullaufbahn. Er muss schon eine Weile geredet haben, denn jetzt fragt der Richter sie, ob sie möglicherweise Probleme damit habe? Ob ihre Eltern ihren Bildungsweg unterstützten?
Die Sozialarbeiterin! Natürlich! Lena nickt verwirrt, beinahe hätte sie ihr gewinnendes Lächeln vergessen. Solange sie so

gute Noten habe, hätten die Eltern eigentlich nichts dagegen, aber ihrem Vater wäre es wohl lieber gewesen, sie hätte eine Lehre gemacht. Mehr will Lena nicht sagen, nur nichts Negatives über den Vater! Niemand soll wissen, dass er auf ihren Wunsch, nach der Realschule ins Gymnasium überzuwechseln, nur den Kopf geschüttelt und von seinem älteren Bruder erzählt hat: „Der hod immer Ladein leana miaß'n, und i hob Fuasboi g'schpuit an ganz'n Nochmidog!" Was ging das diese Leute an? Ob sie sich wohl gefühlt habe am Tag der Tat? Was sie denn in der Stadt vorgehabt habe? Einkaufen? Nein, ich war unterwegs ins Theater, zur Chorprobe, hört sich Lena sagen. Ich war zwei Busse früher zuhause losgefahren, ich wollte mal wieder einfach nur weg, und habe dann die Zeit im Kaufhaus vertrödelt, weil es regnete.

Lena sagt nicht: Ich hätte auch in eine der großen Stadtkirchen gehen können! Das machte sie oft, wenn sie noch ein bisschen Zeit hatte in der Stadt, vor oder nach einem Termin, oder nicht gleich nachhause gehen wollte: In die großen Kirchen hat sie der Vater geführt, als sie ein Kind war, sie hatten zusammen gesungen und gebetet im Weihrauchgeruch und dem Glanz der Kerzen. Und mit der Mutter war sie manchmal im Kaufhaus gewesen, meist in jenem etwas edleren, in dem die Mutter bis zu Lenas Geburt gearbeitet hatte: Die Mutter probierte Kleider an und unterhielt sich mit den Verkäuferinnen, während das Kind mit Knöpfen oder Seidenröllchen spielte und manchmal eine Mütze aufgesetzt bekam, oder einen Schal umgelegt, der dann doch leider ein bisschen zu teuer war.

Die Geborgenheit des Kindes in den Kirchen und Kaufhäusern ihrer Stadt.

Aber das geht den Richter nichts an. Es soll ihr Geheimnis bleiben. Lena versucht weiterhin zu lächeln. Hat es noch einen Sinn? Die Tat steht doch bereits fest, „am Tag der Tat" hatte der Richter gesagt.

Ob ihre Eltern es gut fänden, dass sie in diesem Theaterchor sänge? Es gebe doch sicher viele abendliche Auftritte, bis spät in die Nacht hinein, und sie müsse alleine mit dem Bus nachhause fahren, von hier, der Innenstadt, hinaus in die Gartensiedlung? Sieht der Richter jetzt wirklich aus dem Fenster, hinüber zu dem prächtigen Bau des Stadttheaters? Lena kann es nicht genau erkennen, sie müsste dazu ein paar Schritte zur Seite gehen, aber dann würde sie sich ja verraten: Ihre Sehnsucht nach der Kunst, der Musik und dem Theater, ihre Schwärmerei für den genialen Chorleiter mit dem interessanten polnischen Namen, das alles war doch Verrat an den Eltern: „Ham dia koin Deidsch'n gfund'n in dem Theadr do?"

Natürlich wollen meine Eltern das nicht, bricht es aus Lena hervor, diesmal ganz ohne Lächeln. Sie dürfen ja nicht einmal wissen, dass ich hier bin. Hat Lena den Eltern tatsächlich nichts von dem Gerichtstermin erzählt? Und die Sozialarbeiterin? Lena war ja noch nicht volljährig – zu dieser Zeit wurde man es mit 21. Lena erinnert sich an keine Reaktion der Eltern: keine Verwunderung, kein Erschrecken, kein Mitgefühl, nicht einmal ein Strafe!

Nur diese abwiegelnde Handbewegung des Vaters: ein Schlüsseletui? Das sei doch lächerlich! Wie viele Papierbögen habe er dagegen in all den Jahren im Betrieb entwendet, „angeeignet", als Zeichenpapier für das Kind! Sein verschwörerisches Lachen! Aber da spricht schon wieder der Nachbar, dann der Richter. Es geht um das Urteil. Der Staatsanwalt schlägt vor, dass sie eine kleine Summe an eine gemeinnützige Organisation bezahlen solle und fragt Lena, ob sie einen Vorschlag hätte?
Ist das jetzt ihre Strafe? Lena zögert: Vielleicht die „Verfolgten des Naziregimes", oder „Amnesty international" – von beidem hatte sie in der Schule gehört. Der Richter zieht erstaunt die

Augenbrauen hoch, fängt sich aber schnell wieder und sieht auf eine Liste, die er vor sich liegen hat: Diese beiden Organisationen seien hier leider nicht verzeichnet, er bedaure sehr, dann nehmen wir doch einfach das „Rote Kreuz". Im Übrigen wünsche er ihr alles Gute für ihre Zukunft.
Als Lena die breiten Treppen des Justizgebäudes hinunter steigt, sieht sie von Ferne Eva in den Bus in Richtung Gartenstadt steigen. Offenbar ist ihre Rechtspflegerausbildung für heute beendet. Eva wird in die kleine helle Wohnung zurückkehren und Nudeln kochen für das Abendessen für sich und ihre Mutter.. Lena geht langsamer, sieht den Bus wegfahren. Sie hat es nicht eilig, nachhause zu kommen, zu den Eltern, in das kalt gewordene Haus ihrer einstmals glücklichen Jahre, „vor em Griag".

## Karfreitag

Am letzten Schultag vor den Osterferien sitzt Lena mit ein paar Kolleginnen zusammen. Ihre Kinder freuen sich schon auf einen lustigen Ausflug morgen, erzählt die evangelische Religionslehrerin, aber sie selber wolle den Karfreitag eher besinnlich begehen – jedes Jahr sei das der gleiche Konflikt! Den hast du ja wohl nicht, wendet sie sich scherzend an Lena, als Katholikin! Geht ihr überhaupt in die Kirche, morgen Nachmittag, zur Todesstunde Jesu? In ihrem Heimatdorf hätten „die Katholischen" demonstrativ Wäsche aufgehängt an diesem Tag, ob sie das auch so mache? Lena lacht: Nein, aber in die Kirche? Als Kind schon, ja da sei sie immer in die Kirche gegangen an diesem Tag, richtig schön sei das gewesen!
„Lass mich deine Leiden singen" ist das Erste, was ihr durch den Kopf geht, und während die anderen fast alle in ähnlichen Worten aus ihrer Kindheit unter dem Diktat der lutherischen Finsternis berichten, fallen ihr nach und nach alle Strophen des katholischen Kirchenliedes ein, und immer wieder der Refrain, in dem Jesus aufgefordert wurde, seine „Schmerzen tief, recht tief in unsre Herzen" zu drücken: „Herr lass deines Todes Pein nicht an uns verloren sein!" singt die tiefe Stimme des Vaters, begleitet von der höheren, hell jauchzend klagenden der Mutter, dazwischen das Kind im Gefühl beklemmend-schauriger Geborgenheit. Es muss noch vor der Erstkommunion gewesen sein, denn vom neunten Lebensjahr an saßen alle Kinder vorne in den ersten beiden Bänken der St. Wolfgangs-Kirche in der Augsburger Gartenstadt Spickel, nahe beim Priester, den schimmernden Kerzen, dem duftenden Weihrauch, nicht mehr hinten, im Schutz der Eltern, wie in den Jahren zuvor.
Hoffentlich wollen die das jetzt nicht genauer von mir wissen, denkt Lena. Wie sollte sie den Kolleginnen erklären, was für ein wundervoller Freudentag der Karfreitag für das Kind immer

gewesen ist, ganz ohne Schrecken oder Verwirrung! Der Vater radelt vormittags im Sonnenschein nach Hochzoll, in die südliche Lechvorstadt, um Farben und Nägel zu kaufen, oder Pflanzen und Saatgut für den Frühling, statt in die dunkle Druckwerkstatt mit den üblen Gerüchen, und das Kind wartet in der blühenden Wiese vor dem Haus auf ihn und trägt zum ersten Mal die neuen Halbschuhe für das Frühjahr, nach einem langen Winter, der beim Schlittenfahren den Schnee in die undichten Stiefel eindringen ließ. Das Kind bekam immer nasse Füße und manchmal langwierige Erkältungskrankheiten, einmal eine ernsthafte Ohrenentzündung. Die Mutter hat die Wohnung auf Hochglanz geputzt und die Großmutter den samstäglichen Hefezopf schon einen Tag früher gebacken. In der vom Backen noch warmen Küche sitzt das Kind dann auf dem Sofa, an den Zeitung lesenden Vater gekuschelt, und blättert im „Laudate" und summt leise die schönen traurigen Lieder. „Herr lass deines Todes Pein nicht an uns verloren sein". Das Kind weiß nicht genau, was das bedeutet, aber es wäre eine Lüge gewesen, wenn Lena vielleicht fragt sie gleich jemand – dies als ein Problem darstellen würde wie die Kolleginnen. Das war es allenfalls aus heutiger Sicht, aber doch nicht in ihrer, Lenas Kindheit! „Uns're Sühn' am Kreuzesstamm" – die Bilder vom Kreuz waren ja überall aufgehängt, auch zuhause im elterlichen Schlafzimmer, in der Kirche sowieso.
Ist Sühn so etwas wie Sünde oder Buße, so ein Wort aus der kirchlichen Geheimsprache?
„Gnad' uns Gott, wenn mir dees amol biaß'n miaß'n", soll der Onkel Heinrich einmal „im Griag" zu seinen Kameraden gesagt haben, damals in Polen. Dieser Satz schwebt über der sonntäglichen Kaffeetafel mit Onkel und Tante, und der Vater stimmt seufzend zu. Wenn das Kind, das an der Tür gelauscht hatte, ins Zimmer kommt, gibt ihm die Mutter schnell ein Stück Kuchen und die Tante erzählt ihm fröhlich lachend den neuesten Streich

ihres Kanarienvogels: „Stell dir vor, was der Kerle wider ang'stellt hat geschdern!" Was war das denn, was „mir amol biaß'n miaß'n"?

„Dich zu binden und zu plagen, zu beschimpfen und zu schlagen, naht sich deiner Feinde Schar, und du gibst dich willig dar". Lena steht mit den Eltern im Panorama von Altötting. Es stellt die Kreuzigung Jesu dar, eingebettet in eine dramatische Landschaft, das Kind ist mitten unter den Zuschauern. In Innsbruck gibt es auch ein Panorama, haben die Freundinnen erzählt, es stellt die Erschießung des Freiheitshelden Hofer dar, sie haben es im Urlaub gesehen. Immer opfert sich jemand auf für eine große Idee!

So einen Satz kann das Kind noch nicht formulieren. Aber den heiligen Sebastian mit den Pfeilen in seinem nackten Körper, in dem Büchlein aus der Druckerei, das der Vater der Tochter zum Lesenlernen mitbringt, muss Lena immer wieder anschauen.

Beim Indianerspiel im Garten wird Lena einmal von den Angehörigen des feindlichen Stammes an den „Marterpfahl" der elterlichen Teppichstange gebunden. Wie schön, das Opfer der bösen Feinde zu sein! Ein angenehmes Kribbeln durchfährt Lenas Körper, so dass sie es beinahe bedauert, wieder losgebunden zu werden, als ihre Leute sie, den Häuptling, im letzten Moment noch befreien können. Die Kinder schlüpfen in das aus Decken und Wäscheleinen selbst gebaute Zelt und feiern ihren Sieg mit Kakao und Großmutters Hefezopf. Aus den bösen Feinden sind wieder die Spielkameraden aus der Nachbarschaft geworden.
Ist es dem Herrn Jesus vielleicht ähnlich ergangen damals? Hatte er nicht, ähnlich wie Lena am Teppichstangen-Marterpfahl, das Leiden geliebt am „Kreuzes-Stamm"? Sangen nicht die Eltern,

sang nicht der schöne junge Kaplan – etwa in Alter und Statur dieses Herrn Jesus – und mit ihm die ganze Gemeinde: „Und du gibst dich willig dar"? Wie ergreifend schön war das alles, wie feierlich die Stimmung, die Kerzen am Hochaltar mit dem lila verhangenen Kreuz, die wallenden Gewänder des Priesters? Und hatten sich die Juden dann später nicht auch „willig dargebracht" ihren deutschen Mördern, „em Griag"? Fast ohne Widerstand seien sie in den Tod gegangen. So hatte es die gütige Schwester Dietlindis in der Augsburger Klosterschule erklärt. Immerhin hätten die Juden ja den Herrn Jesus ans Kreuz geschlagen, und dafür mussten sie dann eben „biaß'n", wie es in der Bibel steht: Sein Blut komme über uns und unsere Kinder! Das mag den Schulmädchen eingeleuchtet haben, auch Lena. Aber wir? Was müssen wir „biaß'n?"
Die kaum zurückgehaltenen Tränen des Vaters vor dem noch recht neuen Fernseher beim „Kniefall" des Kanzlers in Warschau fallen Lena ein. Und später sein Seufzer der Erleichterung, wahrscheinlich im gleichen Sessel sitzend, als der Papst aus Polen gewählt worden war. Endlich, des war ja langsam Zeit! Beide Male sagte der Vater so etwas Ähnliches.

Etwas stimmt da nicht, denkt Lena und schreckt auf: Was denn da so schön gewesen sein soll, in einer Totenandacht? Die Kollegin muss Lena schon mehrmals gefragt haben, ohne eine Antwort zu bekommen.
Soll ich das jetzt alles erzählen? Was geht mir denn da durch den Kopf? Das kann doch alles gar nicht so gewesen sein! Als ich geboren wurde, war der Krieg schon sieben Jahre vorbei, und niemand hat solche merkwürdigen Sachen gesagt, schon gar nicht zu mir, dem Kind, von den Leiden, dem Herrn Jesus und den Juden oder Polen ...
Mir haben halt die Lieder gefallen, sagt Lena dann, vielleicht war ich ein bisschen sentimental als Kind, es wurde ja viel gesungen.

Mutter und Großmutter sangen am laufenden Band bei der Hausarbeit, Moritaten, Operettenarien, und das Kind saß in seiner Spielecke und hörte zu, da werden auch solche Kirchenlieder dabei gewesen sein. Es waren halt schöne traurige Melodien, den Sinn des Textes brauchte man nicht zu verstehen. Lena sieht in die Runde. Hat ihr überhaupt noch jemand zugehört?
Ja, ich glaub, wir brechen jetzt mal auf, sagt die Religionslehrerin, es ist noch viel zu tun am letzten Schultag, bei Dir sicher auch!
Auf dem Nachhauseweg summt es in Lena, heiter im Rhythmus ihrer Schritte: Lass mich deine Leiden singen ...

## Carl Mondfelds Küsse

Nein, der Vater hätte es auf keinen Fall erfahren dürfen, dass Lena diesen Fremden kannte. Warf die Mutter deshalb den Prospekt für die Gemeinderatswahl, auf dem sein Foto abgebildet war, in den Ofen? Oder lag es noch kurze Zeit auf dem Küchentisch, zusammen mit der anderen Post? Sonst hätte Lena Carl Mondfelds Bild ja gar nicht entdeckt. Warum ist sie erschrocken? Weil er ein „Halbjude" war? Das stand ja nicht in dem Text. Das wusste nur Lena: wie er gelacht hatte bei der Vorstellung, dass „ein sozialdemokratischer Halbjude eine Stelle beim Bayerischen Staat bekommen könnte". War es das, was der Vater nie erfahren durfte? Oder das mit dem Kuss? Hat es ihn überhaupt gegeben?

Lena steht in der Küche, um das Essen für ihre Familie vorzubereiten, und schaltet das Radio ein, Bayern zwei, und erkennt sofort Carl Mondfelds Stimme.
Überrascht wendet sie den Kopf. Es ist mehr als dreißig Jahre her, dass Lena Carl Mondfelds Stimme zuletzt gehört hat, nicht im Radio, sondern im Leben, damals, als sie noch bei den Eltern in Bayern wohnte, als Schülerin, in der Gartenstadt am Waldrand.
Den bayerischen Rundfunk schaltet Lena eher selten ein, manche Sendungen erwecken bei ihr ein Gefühl von Kindheit und Heimat. Wieso spricht Carl Mondfeld im Radio? Lena hat keine Zeit, länger zuzuhören, die Familie wartet, sie muss die Kartoffeln aus dem Keller holen und die Wäsche aus der Maschine. Als Lena die Küche wieder betritt, spricht bereits jemand anders, offenbar ist es eine Art Magazinsendung. Es geht um Aphasiker, Leute die nicht sprechen können. Was hat Carl Mondfeld damit zu tun? Ist er nicht Soziologe? Das hätte Lena nun doch gerne von ihm genauer selbst genauer erklärt bekommen, im Radio!

Aber es ist zu spät. Es geht weiter mit Musik.
Hat Carl Mondfeld Lena damals wirklich geküsst? Sie versucht sich zu erinnern.
Als etwa achtzehnjährige Schülerin spaziert Lena eines Sonntagnachmittags über den frisch angelegten Parkweg zwischen dem Wäldchen und der Neubausiedlung hinter der Bahnlinie, wo sich früher ein Feld ausdehnte, die „Spickelwiese".
Als Kind hat Lena sich hier in den Maisfeldern versteckt, manchmal auch einen Maiskolben gestohlen und zuhause in Salzwasser gekocht, zusammen mit den Freundinnen. Das Feld gehörte einem Bauern, dessen Tochter in ihre Klasse ging. Sie war braungebrannt und redete wenig, aber sie hatten den gleichen Vornamen: Magdalena, die Sünderin aus der Bibel, wie der alte Pfarrer lachend sagte: Nehmt euch vor denen in acht! Ehe die Neubausiedlung gebaut wurde, konnte Lena vom Kinderzimmer aus mit Vaters Fernglas zusehen, wie die Pferde über die Hindernisse sprangen, beim Gestüt am südlichen Waldrand.
Und manchmal fuhr der Lokführeronkel Heinrich vorbei, Vaters Bruder, „mit seiner Maschin'", und pfiff einen Gruß. Lena und der Vater winkten.
An diesem Sonntagnachmittag sitzt Lena über ihrem Geschichts-Referat zu den gesellschaftlichen Auswirkungen der Industrialisierung, die Oberstufen-Facharbeit. Das Konzept ist fertig, dann die Gliederung, fehlt nur noch geeignete Literatur – jetzt muss sie aber an die frische Luft! Die Eltern sind zu Besuch bei Verwandten.
Es wird warm gewesen sein, denn das Mädchen trägt ein türkisweiß-gestreiftes ärmelloses Ringelkleid mit kurzem Rock. Die blonden Haare sind schon recht lang, aber vermutlich zu einem Pferdeschwanz zusammengebunden: die Denkfrisur, schließlich geht es um das Referat. Morgen würde sie in die Stadt radeln, um in der Staatsbibliothek nach geeigneten Büchern zu sehen. Aber jetzt erst mal hinüber in den Siebentischwald!

Carl Mondfeld gehört zu den Zugezogenen in den neuen Reihenhäuschen auf der frei gewordenen Wiese. Der Bauer hat sein Feld verkauft, der Mais ist verschwunden. Jetzt stehen neben den alteingesessenen Nachbarn, deren Familien sich seit den dreißiger Jahren kennen, immer mehr Fremde morgens an der Bushaltestelle, wenn Lena dort wartet. An einem Abend, auf dem Rückweg von einer Veranstaltung in der Stadt, muss ihr der neu Zugezogene im Bus aufgefallen sein, mit seinen großen dunklen Augen, von da an beobachtet sie ihn manchmal aus der Distanz.
Hat die Schülerin ihn angelächelt, als er ihr an jenem Sonntagnachmittag begegnete, auf dem Weg zum Wäldchen? Sie war doch in ihre Gedanken vertieft! Kannte er sie aus dem Bus? Hat er sie angesprochen? Sagte er wirklich „Schönes Fräulein, darf ich wagen, mein Arm und Geleit ihr anzutragen?“ Es muss genau dieser Satz gewesen sein. Lena wäre sonst nicht stehen geblieben.
Jedenfalls ist die Schülerin damals mit einem dicken Buch unter dem Arm nach Hause gekommen, es hieß „Herrschaft und Industriearbeit“, und die Eltern waren gottlob noch nicht zuhause. Ein solches Buch an einem Sonntagnachmittag war so ziemlich das Gefährlichste, was Lena heimbringen konnte! Der Blick der Mutter: „Dia liest scho widdr! Hod dia nix zom doa?“ Und wen hätte sie erfinden können als Leihgeber? Keine ihrer Freundinnen war auf dem Gymnasium. Und Freunde gab es keine, das wäre ja noch schöner gewesen! In diesem Alter. Trotzdem hatte Lena das Gefühl, die Mutter weiß alles. Der Wahlkampfprospekt flog in den Ofen. „Dees brauch’n mir net!“ Dabei hat der Vater doch immer SPD gewählt.

Das Herz des Mädchens klopft heftig, als er auf dem Weg ins Wäldchen hinein plötzlich stehen bleibt und ihre Hand streift: Guck, ein Reh! Was ist in diesem Augenblick geschehen? Trägt

Lena den Pferdeschwanz noch immer zusammengebunden? Oder bittet er sie, das lange blonde Haar zu lösen? Lena kann das Reh noch lange sehen, ehe es in den Wald zurückläuft und verschwindet.
Dann beginnt es zu regnen, sie laufen durch das Wäldchen zum Hochablass, wo man damals noch Minigolf spielen konnte. Das Mädchen hat es nie vorher gespielt und freut sich lachend über jeden kleinen Erfolg. Durchnässt wie sie ist, kann sie nicht nach Hause. Die Mutter fragt am Abend nicht nach der Herkunft des fremden dunkelblauen Polohemds, das Lena sich nach dem Regen in Carl Mondfelds Wohnung übergezogen hat.
Irgendwann bringt Lena ihm das Buch zurück. Sie sitzt auf dem Sofa in Carl Mondfelds Wohnung und besieht sich das Foto seiner Verlobten auf dem Schreibtisch, Lehrerin in Düsseldorf. Hat Lena damals auch Lehrerin werden wollen? Oder findet sie die hoch gesteckte Frisur der Frau auf dem Foto ein bisschen spießig – sie selber möchte doch promovieren und an der Uni forschen, und die langen Haare offen tragen, nur zum Denken zusammengebunden.
Geh doch nach Tübingen, sagt Carl Mondfeld. Sein Freund und Doktorvater aus Heidelberg sei dort jetzt Professor für Soziologie. Tübingen, denkt das Mädchen, Jens und Bloch und Hölderlin, die hat ihr der Deutschlehrer auch schon empfohlen, und jetzt noch dieser fremde kluge Mann, der plötzlich ihr Nachbar war.
Lena erinnert sich an große braune Augen, eine sehr gerade Nase und einen weichen Mund, eine Narbe am Hals. Er ist ein wenig größer als das Mädchen, kräftig, mit einer Neigung zum Dickwerden, seine Hemden riechen nach zu viel Waschmittel und sind aus bügelfreiem Kunststoff. Gut, dass die Verlobte bald nachkommen wird! Sie habe sich um eine Stelle in Bayern beworben, denn sie wollen heiraten. Seine Assistentenstelle an der Uni sei zwar befristet, aber er strebe ja eine Professur an.

Das sei ja nicht ganz leicht, im „schwarzen" Bayern, für einen sozialdemokratischen Halbjuden! Ob er bei diesen Worten gelacht hat? Lena erinnert sich nicht. So wenig wie an seine Küsse.

In Lenas Oberstufen-Geschichtsbuch gibt es ein Dokumentarfoto, auf dem eine Frau zu sehen ist, die ein Schild um den Hals trägt. Sie hat den Kopf gesenkt, man kann ihr Gesicht nicht erkennen. Die Sütterlinschrift der Dreißigerjahre ist schwer zu entziffern, aber dass es um Juden geht, wird Lena gewusst haben. Lachende Männer in Uniform verspotten die Frau. Ehen zwischen Ariern und Juden waren verboten, Liebesbeziehungen auch? Durfte der Vater deshalb nichts erfahren von Carl Mondfelds Küssen? Lena weiß, dass sie ihn nie wiedersehen wird. Aber vielleicht wird sie nach Tübingen gehen, zum Studium. Für das Referat hat die Schülerin eine Eins bekommen. Sie habe plausibel nachgewiesen, wie einschneidend die veränderten Arbeitsformen im Industriezeitalter das Zusammenleben der Menschen geprägt hatten, wie neue Formen von Herrschaft und Abhängigkeit entstanden seien, die Rollen von Mann und Frau in Familie und Beruf sich veränderten, die Ausbeutung der Kinder, die Erniedrigung der Alten, der Wandel in Liebe und Partnerschaft.
Die Liebe? Stand etwas über die Liebe in Lenas Referat?
Und heute plötzlich Carl Mondfelds Stimme im Radio. Schade, denkt Lena jetzt, dass ich mir die Zeit nicht genommen habe, die Sendung zu Ende zu hören, das Gespräch mit ihm über die Aphasiker. War da nicht ein leicht badischer Tonfall in der Radiostimme zu hören, noch nach dreißig Arbeitsjahren im „schwarzen" Bayern?
Und dann fällt Lena das Buch ein, das sie irgendwann während des Studiums in der Unibibliothek entdeckt hatte, etwas über Soziolinguistik, es ging also um Sprache: Da passen ja die Apha-

siker! Und ging nicht aus der Kurzvita im Buch hervor, dass der Autor jetzt Professor für Soziologie an einer katholischen Universität geworden war? Der „sozialdemokratische Halbjude" hatte es also geschafft.
Es wird Kartoffeln zum Mittagessen geben. Für gestohlene Maiskolben ist nicht die Zeit.

# Gartenstadt

Beinahe wäre Lena der Frau Doktor S. begegnet. Warum sie gerade heute über die Fuggerstraße gelaufen war, daran erinnert sie sich später nicht mehr.
Auf der Höhe des Stadtmarkts, in Richtung Theater, sah Lena sie schon von weitem auf sich zu kommen. Lena erkannte die alte Dame sofort, so wenig hatte sie sich in all den Jahren verändert: groß, hager, mit wachen Augen über einer großen gebogenen Nase, das Haar zu einem Knoten zurückgebunden – war es schon immer so grau? Lena konnte sich an keine andere Farbe erinnern.
Schon rein äußerlich war Frau Doktor S. das reine Gegenteil von Lenas Mutter, mit der sie gelegentlich Rezepte austauschte, wenn sie sich beim Einkauf in der Drogerie der Frau Kühhorn im Spickel zufällig trafen. Auf Mode und äußere Eleganz legte sie keinerlei Wert, ihre Kleider waren meist dunkel und hochgeschlossen, ihre Frisur erinnerte Lena an das Foto der Reichsfrauenführerin Gertrud Scholz-Klink im Kalender der Großtante. Auch Herr Doktor S., mit dessen Titel die Frau wie alle anderen Akademiker-Ehefrauen von jeher in den Augsburger Geschäften angesprochen wurde, und die beiden erwachsenen Töchter, alle stolzierten sie in gedecktem Graubraun an Lenas Elternhaus vorbei, zu Spaziergängen in den nahe gelegenen Siebentischwald, oder an Regentagen zur Straßenbahnhaltestelle. Normalerweise gingen die Töchter die paar Kilometer in das alte Gymnasium in der Innenstadt, wo beide als Studienrätinnen arbeiteten, zu Fuß.
Lenas Mutter hingegen war klein und ein wenig mollig, immer wie frisch vom Friseur mit ihrer Dauerwelle, und sonntags zeigte sie sich im nicht mehr ganz neuen, aber zeitlos eleganten Schneiderkostüm, Hut und Handtasche farblich abgestimmt, in der Kirche – wo man Frau Doktor S. und ihre Familie übrigens niemals zu Gesicht bekam. Vielleicht waren sie evangelisch?

Während Lenas Mutter die symmetrisch gezogenen Rosenbeete vor dem Hauseingang liebevoll pflegte und der vom Vater stets kurz gemähte Rasen hinter dem häufig frisch gestrichenen Zaun die Blicke auf das hell geweißte Haus freiließ, wirkte der Garten der Familie S. am Ende der Straße verwildert und unzugänglich, das Haus dahinter versteckte sich im Dunkel der alten Bäume. Natürlich hätte Lena Frau Doktor S. ansprechen können, sie grüßen, sich zu erkennen geben. Lena hatte sich verändert in den Jahren, seit sie aus der Stadt der Kindheit weggegangen war. Die alte Dame würde sicher eine Weile brauchen, bis sie in der erwachsenen Lena das ehemalige Nachbarskind erkannte, sich aber bestimmt freuen! Lena könnte sie zu einer Tasse Tee einladen und sich endlich einmal dafür bedanken, dass Frau Doktor S. ihr damals das Zimmer im Studentenwohnheim empfohlen hatte. Heute, nach Jahren, kommt es Lena seltsam vor, dass sie damals nicht versucht hat, den Sohn und seine Frau kennenzulernen, die vor ihr in dem Wohnheim gelebt hatten. Warum hat sie nicht einfach angerufen und gesagt: Guten Tag, ich komme aus Augsburg, aus der Nachbarschaft Ihrer Eltern, und möchte Sie gerne kennenlernen? Lena war doch als Studentin kommunikativ und aufgeschlossen gewesen. (...) Was hat sie damals davon abgehalten? Wollte sie deshalb Frau Doktor S. nicht ansprechen, an jenem sonnigen Nachmittag in der Fuggerstraße auf der Höhe des Stadtmarkts, als sie sie plötzlich erkannte? Es war doch so eine schöne Kindheit gewesen, damals in der Gartenstadt! Das Spielen bei der Freundin schräg gegenüber, deren immer lachende junge Mutter aus dem Erzgebirge, die Lehrerin werden wollte und mit allen Kindern der Straße Volkslieder am Klavier einstudierte: „Wahre Freundschaft kann nicht wanken, wenn sie gleich entfernet ist". „San hald Flichdling", sagte der Vater, wenn Lena fröhlich plappernd nach Hause kam und erzählte, wie schön es da wieder war, bei der Monika. Die Freundinnen kamen und gingen, es gab dort immer ein volles

Haus. Sie hatten ein Telefon, während Lenas Eltern noch zur „Zelle" am Ende der Straße gehen mussten, um die Tante anzurufen. Als es später im Flur manchmal klingelte, schickte der Vater immer die Mutter an den Apparat oder wartete einfach, bis sie selber hinging – er war ohnedies meist im Keller oder im Garten. Vielleicht darf man es gar nicht so oft benutzen, weil es so teuer ist, dachte das Kind. „San hald Flichdling", offenbar Leute mit mehr Geld?
Von Herrn Doktor S. sprachen die Eltern stets mit großer Hochachtung. Er habe bei den Nürnberger Prozessen den Reichsernährungsminister als Anwalt verteidigt, offenbar erfolgreich – „dees wor a Pfundskerle, der!" Der Minister habe die großen Heilkräuterplantagen von Dachau unter sich gehabt, da wurden Naturheilpflanzen für die Volksgesundheit produziert, „need des kemische G'lumb wia heit!".
Als Kind hatte sich Lena Dachau immer als großen Kräutergarten vorgestellt, eine Art Gartenstadt, wo die Häftlinge pflanzten und säten, Unkraut jäteten und ernteten, harte Arbeit zwar, aber immer an der frischen Luft. Beneidenswert irgendwie.
Als Lena viel später als Lehrerin mit ihrer Schulklasse das Konzentrationslager betrat, suchte sie vergeblich nach Heilkräuterfeldern. In keinem der Vorträge oder Führungen war die Rede davon, umso mehr von Tod und Sterben, von Qualen und Folterungen. Lena hatte nicht gewagt, im Angesicht ihrer Schüler, nach den ehemaligen riesigen Feldern für die Heilung des ganzen Volkes zu fragen.
Nun ist die letzte Gelegenheit verstrichen, denkt Lena. Vielleicht hätte sie Frau Doktor S. nach den Dachauer Heilkräutern fragen können, als sie ihr vor der Markthalle begegnete, da wurden auch Kräuter verkauft.
Aber Lena ist einfach weitergegangen.

# Dreihundert Mark

„Jetzd leg i mi glei auf's Gleis!" War es dieser Satz, den die Mutter zu Lena sagte? Oder hieß es „Dann leg i mi ..."? Also, nur wenn Lena jetzt nicht gleich gehorchte, wenn sie irgendetwas nicht oder falsch machte? Aber was? Immerhin schien das Kind noch die Wahl zu haben.
Die Züge zwischen München und Stuttgart brausten mehrmals am Tag hinter den Nachbarhäusern vorbei, mit hoher Geschwindigkeit.
Ist Lena erschrocken? So etwas hatte die Mutter doch vorher nie gesagt, niemals!
Und der Vater? „I hol glei des Messer aus'm Keller!" An diese Worte erinnert sich Lena genau, als eine Art Reaktion auf die Rede der Mutter. Für wen das Messer gedacht war, blieb offen, denkt Lena heute. Damals hat sie es auf sich bezogen.
Aber warum? Was war passiert? Was hatte die Eltern in solche Bedrängnis gebracht, dass ihnen nur noch die Androhung von Gewalt, gegen sich selber oder gegen das Kind, blieb? Was hatte die Tochter gesagt oder getan, dass sie mit Todesdrohungen reagierten? Warum schlugen sie nicht einfach zu wie früher, als das Kind sich noch nicht wehren konnte? Aber so oft hatten sie Lena ja gar nicht geschlagen, zwei oder drei Mal vielleicht, an mehr erinnert sie sich nicht. Meist blieb es bei Drohungen der Mutter, „dann mog i Di nimmer" – wenn Lena einmal wieder nicht „folgte". „Aber i Di scho!" erwiderte das Kind dann lachend. Manchmal gab der Vater, der das Kind aus eigenem Antrieb nie schlug, dem Drängen der Mutter nach, vielleicht aus Angst um sie oder aus Mitleid, weil sie einmal wieder „ned ferdig word'n" war mit dem „Saugrippel, dem mischdign".
Einmal traf der Schlag des Vaters das Kind so unverhofft und heftig, dass es die Eichentreppe hinunter fiel, daran erinnert sich Lena genau. Offenbar fand das Ganze im Treppenhaus statt.

Vielleicht war der Vater gerade von der Arbeit gekommen und die Mutter hatte ihn noch auf der Treppe gebeten sofort einzugreifen? Hat es dem Vater hinterher leid getan? Lena erinnert sich nicht. Woran hätte sie es auch erkennen sollen, wenn es so gewesen wäre?
Eine Mitschülerin hatte einmal erzählt, vor dem Einschlafen im Sechsbettzimmer der Jugendherberge, ihr Vater habe sich bei ihr für eine Ohrfeige entschuldigt, die er ihr „unbeherrscht" versehentlich gegeben hatte, ein einziges Mal. Das Mädchen im Bett über Lena konnte ein Kichern nicht unterdrücken, die Matratze schaukelte heftig, die Mitschülerinnen schwiegen beeindruckt. Lena selbst zweifelte am Wahrheitsgehalt der Geschichte: Die war wohl was Besseres!
Einmal ist es um dreihundert Mark gegangen. So viel hatte der Sohn der Nachbarn von Lenas Eltern für die Neulackierung seines Autos verlangt. Es stand auf der Straße vor dem Elternhaus, wo die Kinder immer spielten, und wo sie nur selten zuvor ein Auto gesehen hatten. Er war Apotheker in einem Dorf in der Umgebung und besuchte manchmal seine alten Eltern in der Stadt – so wird es gewesen sein. In seine rechte Tür und in den Kotflügel stand abends, als er wegfahren wollte, „Lena" eingeritzt, und Monika, der Name der Freundin, mit einem spitzen Stein von der Straße, in sorgfältiger Erstklässlerschrift. Lena war gerade in die Schule gekommen. Sie hatte der ein Jahr jüngeren Freundin gezeigt, wie man ihre Namen schreibt, das konnte sie jetzt! Monika hatte die neue Kunst nachzuahmen versucht, ihre Schrift war etwas krakeliger.
An die Schläge der Mutter erinnert sich Lena nur undeutlich. Irgendwie muss sie auf dem gelb-grün gestreiften Kokosläufer gestolpert sein, der in der Küche vor Herd und Spüle ausgebreitet lag. Normalerweise pflegte das Kind auf diesem Läufer immer hin- und her zu gehen, um im Rhythmus der Schritte ihre selbst ausgedachten Geschichten zu erzählen oder selbst gedichtete Lieder zu singen.

Aber in diesem Moment hinderte etwas Lena daran, aufzustehen und wegzurennen, wie es ihr normalerweise gelang, wenn die Mutter mit Schlägen drohte, etwas hielt sie mit Gewalt fest, lag wie ein mächtiges Tier auf ihr, und sie konnte diesmal nicht fliehen wie sonst: schnell die Eichentreppe hinunter, mehr rutschend als rennend auf den blank polierten Stufen, manchmal auf dem Geländer – weg war sie, im Garten, bei den Freundinnen auf der Straße, in der Freiheit! Diesmal nicht.

Dass es um dreihundert Mark gegangen sein muss, daran glaubt sich Lena zu erinnern. Und dass sie, das Kind, daran schuld sei, dass die Eltern jetzt so viel Geld an den Besitzer des „verkratzt'n Audos" bezahlen mussten, „für nix und wieder nix". Und Monikas Vater, „der feine Herr M.", der habe natürlich eine Haftpflichtversicherung. Was ist das? Bei Kindern müsse man jederzeit mit kleinen Unfällen rechnen, soll Frau M. einmal zur Mutter gesagt haben, „dia siebeng'scheite Person, dia!" Oder hat die Freundin ihr das mit der Versicherung erst später erzählt? Hat Lena sie vielleicht gefragt, ob sie auch geschlagen worden war von ihren Eltern? Monika wird sich gewundert haben über diese Frage, so denkt Lena heute.

Seit dieser Zeit ist regelmäßig ein kleiner dicker Mann in die Wohnung der Eltern gekommen, dem die Mutter Geld gegeben und einen Schnaps angeboten und dafür ein kleines Stückchen Papier bekommen hat: Jetzt kommt der Herr F. von der Versicherung, sagt die Mutter zu Lena, wenn er klingelt, und zieht streng die Augenbrauen nach oben. Dann geht Lena in ihr Zimmer, sie mag den Fremden nicht.

Als erwachsene Frau findet Lena bei ihren Archiv-Recherchen den Spruchkammerbescheid der Amerikaner mit einer sogenannten Weihnachtsamnestie: Der Vater wird verpflichtet,

dreihundert Mark zu zahlen, gegen Einstellung des Entnazifizierungsverfahrens.
Die Summe entsprach damals in etwa seinem Monatslohn als Buchdrucker.

Auf die Frage nach dem Grund der elterlichen Todesdrohungen hat die Tochter in den Archiven keine Antwort gefunden.

# Vaters Notizbücher

An einem warmen Septemberabend, zu Beginn des neuen Schuljahres, findet Lena die Notizbücher im Keller. Eigentlich hat sie nach Materialien zur Vorbereitung ihres Geschichtsunterrichts gesucht – nach dem so genannten „Stroop-Bericht“ über die Niederschlagung des Aufstands im Jüdischen Ghetto in Warschau im Jahr 1943. Sie will das Buch den Schülern zeigen, als Dokument, dessen Titel für sich selber spricht: „Es gibt keinen jüdischen Wohnbezirk in Warschau mehr“.
Lena hatte sich das Taschenbuch damals gleich nach seinem Erscheinen gekauft. Die bürokratische Exaktheit, das akribisch „gewissenhafte“ Aufzeichnen der Verfolgung und Ermordung der Warschauer Juden hat sie stärker beeindruckt als alle Spielfilme zum Thema Holocaust, von denen sie den Schülern einige gezeigt hatte.
Das hier ist die Realität. So ist es gewesen. Das Ungeheuerliche hat sichtbare Gestalt angenommen in den bürokratischen Notizen des Täters Stroop.
Aber Lena kann das Buch nicht finden. Im Regal mit den gesammelten Unterrichtsmaterialien ist es nicht, auch nicht bei den Büchern aus ihrem Geschichtsstudium. Warum öffnet sie auf einmal die Schublade des alten Schranks mit den Erinnerungen an die verstorbenen Eltern, der neben den Bücherregalen im trockenen Kellerflur steht? Da liegen, beinahe versteckt hinter einer Reihe alter leder- oder pappegebundener Gebetbücher, die Notizbücher des Vaters: kleine Taschenkalender, manche sorgsam von ihm selbst gebastelt aus verschiedenen Papiersorten in der Druckerei, wo er gearbeitet hat, mit buntem Kunststoffeinband manche, eines für jedes Jahr.
Lena erinnert sich, die Büchlein damals nach Vaters Tod aus dem Elternhaus mitgenommen zu haben, ohne jeden Einwand der Mutter, die beinahe froh zu sein schien, die Sachen los zu

werden. Vaters Führerschein „aus em Griag“ hatten sie damals gemeinsam angeschaut, und Lena hatte nicht zu fragen gewagt, warum es so schwierig gewesen sei, ihn „noch am Griag“ verlängern zu lassen.
Der Vater sei ja in Polen Kraftfahrer gewesen, einen Lastwagenführerschein könne man nicht so einfach umtauschen. Aha. Auch den Wehrpass mit dem zusammengefalteten Flugblatt der „Offiziere gegen Hitler“ schien die Mutter nicht so wichtig zu finden. Das „Nationalkomitee Freies Deutschland“ sagte ihr nichts. Johanns letzte Kalendernotiz vor dem Beginn der russischen Gefangenschaft lautete „Mit Kameraden im Wald versteckt.“

„Nimm’s nur mid, des ganze alde Glump!“

Die Eintragungen im letzten Büchlein enden am 9. November 1978, dem Tag von Vaters Schlaganfall, an dessen Folgen er dann kurz nach Weihnachten gestorben ist. Die wenigen leeren Seiten hatten ein Gefühl von schmerzlichem Befremden bei Lena ausgelöst, nach all den sorgsamen Eintragungen in enger sauberer Sütterlinschrift – so als wäre der Vater erst jetzt wirklich tot.
Aber die Heftchen, die jetzt vor Lena in der Schublade liegen, sind älter: 1940 liest sie, 1945, 46 und so weiter. Wo sind die dazwischen? Wo ist 1943? Lena stutzt. War der Vater nicht in Polen im Polizei-Einsatz gewesen in dieser Zeit? Und: Hatte sie nicht jenen alten zusammengefalteten Warschauer Stadtplan mit den eingezeichneten Ghettogrenzen damals in seinem Nachlass gefunden, mit diesem braunroten Fleck darauf? Lena beginnt die Schubladen zu durchsuchen. Wo ist denn jetzt dieser Stadtplan? Sie könnte ihn morgen den Schülern zeigen! Noch ein Dokument. Sie hat ihn doch in Händen gehalten, damals, nach Vaters Tod, und Jahre später im Museum in Israel,

in der Dokumentation des Ghetto-Aufstands, wieder erkannt in dieser Vitrine, hebräisch beschriftet mit englischer Übersetzung: „The Jews of Warsaw Are Imprisoned Behind Ghetto Walls". Genau dieser war doch Vaters Stadtplan!
Doch alles Suchen ist vergeblich. Der Plan ist unauffindbar, genau wie die fehlenden Exemplare von Vaters Notizbüchern und der Stroop-Bericht.
Und nun? Soll sie den ganzen Schrank Schublade für Schublade durchsuchen, und ebenso alle Bücherregale, ob nicht irgendwo etwas dazwischen gerutscht ist? Das würde Stunden dauern, vielleicht Tage. Aber sie muss doch ihre Geschichtsstunde für morgen vorbereiten! Nur deshalb ist sie ja in den Keller gegangen – wie lange steht sie denn schon hier unten? Als sie zum Kellerfenster hinauf sieht, ist es draußen dunkel.

Lena stellt sich vor, wie es wäre, wenn sie morgen vor ihre Schüler träte mit den Worten: Ich habe meine Unterrichtsmaterialien über den Aufstand im Warschauer Ghetto 1943 gestern Abend leider nicht finden können. Stattdessen will ich Ihnen erzählen, dass mein Vater als Wachtmeister der deutschen Polizei möglicherweise an der militärischen Niederschlagung dieses Aufstands beteiligt gewesen ist. Die mit der Entnazifizierung beauftragte Spruchkammer der Alliierten hat ihn 1946 zur Zahlung eines „Sühnegelds" von 300 Reichsmark verurteilt. Das war damals etwas mehr als sein monatlicher Buchdruckerlohn. Wie beurteilen Sie die Situation?
Wie würden die Schüler reagieren? Einige würden vielleicht erst einmal die Summe auszurechnen versuchen, die Lenas Vater heute bezahlen müsste: ungefähr dreitausend Euro?
Es würde verschiedene Meinungen geben, eine lebhafte Diskussion, am Ende kämen dann vielleicht direkte Fragen: Woher wissen Sie das überhaupt? Was hat Ihr Vater denn genau gemacht? Unschuldige Leute getötet? Und wieso militärisch?

Polizisten und Soldaten sind doch nicht dasselbe. Wieso war Ihr Vater überhaupt in Polen? Und wie haben diese Spruchkammern der Amerikaner das denn alles heraus bekommen? Mögen Sie Ihren Vater? Was ist er für ein Mensch?
Die meisten dieser Fragen könnte Lena nicht beantworten. Sie blättert weiter in den Kalendern, sucht nach Notizen, die sie irgendwie als Mosaiksteinchen in das riesenhaft endlose Gewirr des Beschwiegenen einreihen könnte.

Auf den alten Fotos aus der Zeit „vor'm Griag" sehen die Eltern immer so fröhlich aus, der Vater in der „schneidigen" Wehrmachtsuniform – woher hat Lena dieses Wort? –, junge Leute in Dirndl und Lederhose im Kreis von Freunden und Verwandten, auf Bergen und an Seen, wandernd, lachend, feiernd. Dazu passen Vaters Notizbucheintragungen in den Dreißigerjahren: Tagesausflug nach P., Wanderung in F., Tanzabend, Filmvorführung, Operette ... und die Namen der Freunde und Verwandten, die von Marie und Johann besucht oder in ihr schönes Haus in der Gartenstadt eingeladen wurden.
Auf einem Foto von 1940, das Lena viel später findet, sitzen Marie und Johann mit einem anderen jungen Paar auf der roten Gartenbank, die damals vor dem Haus stand, an der sonnigen Südseite, der Straße zugewandt. Viel später dann, im Jahr 1955, als die Amerikaner das 1946 beschlagnahmte Haus zurückgegeben hatten, wurde die Bank hinters Haus verbannt, in eine an die Garage angebaute Gartenlaube. Da saßen sie an warmen Sommerabenden manchmal zum Kaffee oder zum Essen, aber immer war es ein wenig zu heiß hinter den Kunststoffwänden.

Manchmal, wenn es mehrere Tage geschneit hatte, erzählte die Mutter Lena von den Faschingsbällen in der Hochablassgaststätte: Fröhlich lachend und singend seien sie danach gemeinsam auf dem breiten Waldweg nachhause gewandert und hätten gemeinsam mit den Kolleginnen oder Freunden in dem neuen Haus noch ein Glas Punsch getrunken, der Schnee habe ihnen in der Dunkelheit der Nacht geleuchtet. Was für schöne Zeiten das waren!

Lena hat ihre Eltern als melancholische, eher unsichere, ängstliche Menschen in Erinnerung, den Vater vor allem: ein bisschen stur, oft unbeweglich – keinesfalls lachend und tanzend in der Waldgaststätte! Lenas alte Eltern hatten nichts mit der fröhlichen Gesellschaft auf den Fotos zu tun, mit Marie und Johann und den Freunden.
Im Jahr von Lenas Geburt werden die Tagebucheintragungen des Vaters kürzer und belangloser, als gebe es nichts mehr zu notieren, als sei alles Berichtenswerte vorüber. Es gab keine Reisen mehr, keine Feste, keine Besuche von Freunden – alles schien vorbei zu sein, die Kämpfe ums Überleben und die Sorgen ums Glück. Es gab nichts mehr aufzuschreiben.
Lena legt die Notizbücher wieder in die Schublade und schiebt sie sorgfältig in den Schrank zurück. Was wird sie ihren Schülern morgen erzählen?

# Das Totenbuch

Eine kleine Randnotiz im Lokalteil der Augsburger Allgemeinen Zeitung, die sie am Wochenende manchmal kauft, seit die Eltern tot sind, fällt Lena auf: Das Totenbuch sei verschwunden. Niemand wisse wohin.
Die Studentin Lena sieht das kleine Mädchen vor sich, wie es an einem hellen Sonntag an der Hand des Vaters die unscheinbare Seitenkapelle des gotischen Domes betritt, nach dem Gottesdienst. Ist es schon groß genug, um selber auf die aufgeschlagenen Seiten des Buches zu schauen, oder muss der Vater es noch hochheben? Kann es schon lesen, oder folgt es mit den Augen dem Finger des Vaters, der langsam die scharf umrissenen, tief eingeprägten Buchstaben entlang fährt? Sie müssen dunkelrot gewesen sein. Als wären sie mit dem Blut der Toten geschrieben. Aber diesen Satz kann das kleine Mädchen damals nicht gedacht haben. Hätte es Worte wie „Blut" und „Tote" überhaupt in einen Zusammenhang bringen können? Es war doch lange „noch'm Griag" geboren, ganze sieben Jahre. In dieser Kindheit gab es Tote, aber kein Blut.
Die Eltern des Vaters seien damals äußerlich gänzlich unverletzt vor ihrem zerstörten Haus in der Morellstraße aufgebahrt gelegen, so hat es die Mutter immer wieder erzählt, damals „noch dene schweare Angriff, im Griag". Also auch damals kein Blut. Was sind „schweare Angriff"? Wer hat angegriffen und warum? Das Kind hat nicht gefragt.
Die Namen der Großeltern stehen in sorgfältig gemalter Schrift auf dem seltsamen Papier, zusammen mit vielen anderen. Hat der Vater dem Kind erklärt, dass es dünnes Leder war, etwas Wertvolles aus Tierhaut? Später in der Schule bei den katholischen Schwestern mag Lena gelernt haben, dass die mittelalterlichen Mönche ihre Evangelientexte auf solches Pergament gepinselt hatten, in den klösterlichen Schreibstuben. Alt war

auch dieses Buch, so mag es dem Kind erschienen sein, alt und kostbar, unendlich viel größer als die paar Bücher zuhause in Vaters Schrankfach: der Taugenichts, der Werther und das Totenschiff. Und „Mein Kampf", geerbt vom verstorbenen Onkel Jörg, ein Andenken.
Der Vater druckte Bücher und Zeitschriften, er mochte schöne Schriften und edle Papiere, und er hat diese Liebe der Tochter mitgegeben. Selbst die Steuererklärungsformulare pflegte er mit fast kalligrafischer Sorgfalt auszufüllen.
Standen die genauen Lebensdaten der Großeltern in dem Buch? Beide waren sie noch im alten Jahrhundert geboren, so steht es in schönen roten Buchstaben auf dem weißen Marmor-Grabstein im Gögginger Friedhof. Da war das Kind nicht oft, manchmal an Allerheiligen. Der Onkel Heinrich pflegte das Grab, Vaters Lieblingsbruder. Er habe seine Eltern damals vor der Beerdigung in einem Massengrab für Bombenopfer bewahren können, durch Vorsprache bei einem Nachbarn, der „ein hoher Nazi war". So hatte es die Mutter erzählt.
Viel später findet Lena bei ihren Recherchen im Stadtarchiv, der Gauleiter habe in Göggingen gewohnt, in der Nähe des Onkels. Fotos im Familienalbum zeigen Katharina, die schöne ernste Großmutter, das schwarze gescheitelte Haar zu einem Knoten nach hinten gebunden, mit klarem offenem Blick unter den dunklen Brauen, das Kleid hochgeschlossen und mit einer Brosche verziert, stolze Einödbauerntochter aus Sulzbürg in der Oberpfalz. Lena ist nie dagewesen. Eine Zeitlang hing ein Gemälde der schönen Bäuerin, wohl nach diesem Foto gemalt, im elterlichen Wohnzimmer über dem Sofa.
Thomas, der Großvater, Haupt- oder Oberlokführer bei der Reichsbahn, wirkt auf dem Foto bürgerlicher, der Anzug, die Pfeife, der riesige Schädel mit den verschmitzt zusammen gekniffenen Äuglein, als mustere er sein Gegenüber, große Ohren und mächtige Hände. Auch wenn Lenas Vater oft von der

Gefährlichkeit dieser Vaterhände für ihn und die vier Brüder erzählt hat: Dem Enkelkind hätten sie gewiss freundlich über den Kopf gestrichen, wenn der Großvater es noch kennen gelernt hätte – schon weil es ein Mädchen war! Er hatte ja nur Söhne, fünf junge Männer.
Lena wünscht sich, dass es so gewesen wäre. Die meisten von ihren Freundinnen haben noch beide Großelternpaare, manche von ihnen sind kaum älter als Lenas Eltern. Aber die Namen der meinen stehen in dem schönen Totenbuch im Dom, denkt Lena. Und der „Riaser Opa", jener jugendlich wirkende Mann mit den slawischen Backenknochen auf dem kleinen Bild in der Wohnzimmer-Vitrine, Mutters Vater? Auch ihn hatte das Kind nicht mehr kennen gelernt, auch er war gestorben, „no em Griag". Stand sein Name nicht im Totenbuch? War er kein „Kriegsopfer"?
Mehr als einmal hatte die Mutter die Geschichte erzählt. An einer Lungenentzündung sei er gestorben, weil es noch kein Penicillin gegeben habe, und andere Medikamente nur für die Soldaten – sie mussten ja wieder hinaus „en da Griag!" Weil er zu alt und nicht mehr gesund war, wurde der Großvater nicht mehr eingezogen, er hatte sich schon als junger Mann im Ersten Weltkrieg das „Eiserne Kreuz" verdient. Lena bewahrt es in einer kleinen samtausgelegten Schachtel auf, zusammen mit Gebetbüchern und der Stadtbürgerurkunde, die der Großvater kaufen hatte müssen. So erzählte es die Mutter.
Mit dem Pferdefuhrwerk des Nachbarn sei er zum Lazarett in die westliche Vorstadt gebracht und dort abgewiesen worden. Auf dem Heimweg sei er dann gestorben, mit gerade einmal sechzig Jahren.
Ihrem Mann, der zu dieser Zeit in Polen war, habe Marie von allen drei Toten nichts berichten können, von ihrem eigenen Vater und den Schwiegereltern, „d'r Griag" habe den Postweg unterbrochen. Auf dem Heimweg von der Beerdigung von Bom-

benangriffen gestört – „schnell in Schdross'ngrab'n nei, hot's do g'hoisn!" – sei sie zuhause angekommen und habe ihren Zorn dem im Garten stehenden Nachbarn ins Gesicht geschleudert und ihn beschworen, „mid dem Saugriag doch amol aufz'hern"! Der Nachbar war ein hoher Luftwaffenoffizier und wiegte sich in dem Ruhm, den Führer-Stellvertreter Rudolf Hess in geheimer Mission nach England geflogen zu haben. Er habe die Mutter mit strenger Stimme gewarnt, ihre Meinung doch besser für sich zu behalten, sonst könne das Folgen haben!
Am Schluss, ehe sie den Dom verlassen, zeigt der Vater dem Kind im Totenbuch jedes Mal noch den Namen von Onkel Max, seinen jüngeren Bruder, dem letzten der fünf Söhne. Er sei gefallen auf der Halbinsel Pula, im Kampf mit den Partisanen. Beide Worte klingen fremd und geheimnisvoll, immer wieder hört das Mädchen sie in den Erzählungen, nachgefragt hat es nie. Der Vater weiß nicht mehr zu sagen als diese Worte. Von dem unbekannten Onkel kennt Lena nur wenige Fotos, sie zeigen ihn mit den Brüdern oder den Eltern. Seine Frau Haenny und seine Tochter Christine scheinen mit seinem Tod aus der väterlichen Familie verschwunden zu sein. Onkel Max starb am 29. April 1945, dem Geburtstag des Vaters. Von der „Christel" war später noch manchmal beiläufig die Rede, erinnert sich Lena.
Dass der Krieg damals schon an vielen Orten zu Ende war und eine paar Tage später offiziell die deutsche Kapitulation unterzeichnet wurde, hat Lena erst später in der Schule gelernt, bei den katholischen Schwestern.
Und noch viel später erfährt Lena, dass der Tod des Onkels ein sinnloses Opfer gewesen ist. Dass er sich bewusst zu einem gefährlichen letzten Einsatz gemeldet habe, wie einer seiner Brüder einmal erzählte. Dass er nicht zurückkommen wollte zu Frau und Kind. Wusste Lena damals etwas von dieser Cousine, der einzigen Tochter des toten Onkels, die sie nie kennenlernen

würde: Wo wohnt sie, wie alt ist sie, kann ich sie besuchen? Es muss einen Brief gegeben haben, von der Christel, aus einer Klinik in München an ihren Augsburger Onkel Johann. Er hat ihn nicht beantwortet, daran glaubt sich Lena zu erinnern. Sie wohnte damals schon nicht mehr bei den Eltern.
Wenn Lena noch nicht lesen konnte, damals, beim ersten Blick in das Totenbuch, so hat sie es vielleicht hier gelernt, lange vor der Schule. Denn nicht nur einmal hat das Kind das Buch zusammen mit dem Vater angeschaut. Der Weg in die großen alten Kirchen der Stadt, mit ihren hohen gotischen Gewölben, ihrem Geruch nach Moder und Weihrauch, den gefühlvollen Gesängen und mächtigen Orgelklängen, gehören zu den wichtigsten Eindrücken des Kindes, neben den jährlichen Faschingsumzügen, Maikundgebungen und Fronleichnamsprozessionen, die es an der Hand des Vaters erlebt hat.
Die Mutter ist nie mitgegangen. Sie musste kochen, am Sonntagvormittag, für die Familie, zusammen mit der Großmutter, die damals noch lebte: Nudelsuppen und Kartoffelknödel, alles mit der Hand! Das hat sie wohl gerne getan, denkt Lena. Die beiden Frauen allein in der geräumigen Wohnküche, ein paar Stunden ungestört von Mann und Kind! Oder fühlte sich Marie vielleicht zu sehr erinnert an andere, ähnliche Versammlungen, „im Griag" und „vor'm Griag", zu denen sie vielleicht nicht ganz freiwillig gegangen war damals – oder vielleicht gerade weil sie so gerne mitgelaufen ist, singend mit den jungen Kolleginnen aus dem eleganten Textilhaus: Es geht aufwärts mit Deutschland!
Es waren schöne Zeiten. Andeutungen, Satzfetzen, Seufzer, Blicke, Schweigen – daran erinnert sich Lena. Wie es wirklich gewesen ist, wird sie nie erfahren.
Bei ihren Besuchen in der Heimatstadt Augsburg, auch nach dem Tod der Eltern, hat Lena noch manchmal nach dem Buch gesehen. Es gehörte zu ihren geheimen Schätzen, die es so in

keiner anderen Stadt gibt, wie die Bronzetüren des Doms und die Prophetenfenster, beide aus dem Mittelalter.
Und jetzt soll das Totenbuch verschwunden sein, steht hier in der Zeitung. Nur die Halterungen aus Metall seien noch zu sehen, in der kleinen Kapelle.
Lena wird einen Leserbrief schreiben.

***Bild 7: St. Ottilien im Winter***

# Ein Familienfest

Schon immer wollte Lena einmal nach St. Ottilien fahren. Der unvorhergesehene Anlass, dass der Vater ihres verstorbenen Partners seinen 90. Geburtstag ausgerechnet dort feiern will, kommt ihr entgegen. Wenn sie früh genug aufsteht, lässt sich die Reise in einem Tag bewerkstelligen. Die Feier findet zum Mittagessen statt. Der alte Mann wird sich freuen, Lena zu sehen, weil sie ihn daran erinnert, dass er einmal einen Sohn hatte, Jan, der genial war, lustig und eigenwillig, ein Weltveränderer. Er ist tot, seit mehr als zehn Jahren, und Lena war seine Frau.
Sie wird Muße genug haben, auch den anderen Toten nachzuspüren: den Eltern, Johann und Marie, die in der Klosterkirche von St. Ottilien im April 1937 geheiratet haben, in jenen lang vergangenen schönen Zeiten „vor'm Griag".
Als Lena an diesem Märzmorgen kurz nach sechs das Flüsschen entlang zum Tübinger Bahnhof marschiert, mit Rucksack und Schirm durch den Regen, sind nur die Krähen zu hören, ab und zu quakt eine Ente. Kein Amselgezwitscher, wie es sie seit Tagen morgens weckt, zum Sonnenaufgang. Von der Sonne sieht Lena auch gegen sieben noch nichts, als sie am Bahnhof ankommt und den Schirm ausschüttelt, um ihn zusammen zu klappen. In der Bahnhofsunterführung strömt ihr eine Menschenmenge entgegen, vorwiegend junge Mädchen aus einem eingefahrenen Zug von den Albdörfern. Vielleicht helfen sie samstags in den Altstadtboutiquen den Ansturm der berufstätigen Kundschaft zu bewältigen. Samstag sei der umsatzreichste Tag, hat Lena einmal gelesen, der Einzelhandel verkaufe da mehr als in der gesamten übrigen Woche.
„Vor'm Griag", als Marie, in der bayerischen Heimatstadt Augsburg Kurz- und Modewaren verkaufte, muss es umgekehrt gewesen sein. Da arbeiteten die Städter noch den ganzen Samstag, in Fabriken, Büros und Läden, und ein paar Bauersfrauen kamen

wie an den anderen Werktagen von den Dörfern in die Stadt, um ihre Produkte auf dem Markt zu verkaufen, und trugen das eingenommene Geld anschließend in die Textilgeschäfte, für Stoffe, Fäden, Knöpfe. Der Arbeitstag der Mutter dauerte oft bis tief in die Nacht hinein. Und am Sonntag ging es in die Waschküche statt in die Kirche. Haben sie sich deshalb nicht in der Gartenstadt trauen lassen, sondern in St. Ottilien, dem entlegenen bayerischen Missionskloster im Voralpenland? Weil sie einfach nicht genug Muße hatten für ein großes Fest zuhause in Augsburg? Der Kontakt zum Pfarrer von Sankt Wolfgang im Spickel muss schwierig gewesen sein. Jahrelang habe er die Kinderlosigkeit der jung verheirateten Eltern moniert, bis sie nicht mehr zu ihm, sondern in die großen Kirchen der Altstadt zur jährlichen Beichte gingen, so hat es die Mutter Lena einmal erzählt. In einem Buch über die Anfänge der Zeit des Nationalsozialismus findet Lena als Studentin, dass Kinderlosigkeit und Berufstätigkeit der Frauen im Nationalsozialismus durchaus als Protesthaltung gewertet werden könne, da es der herrschenden Mutterkreuz-Ideologie widersprach: Wenn eine Frau heiratete, musste sie normalerweise ihren Beruf aufgeben, so wollte es das Gesetz.

Davon hatten die Eltern Lena nie etwas erzählt. Marie hat immer gearbeitet, vom Ende ihrer Schulzeit bis zu Lenas Geburt, da war sie zweiundvierzig. Im Krisenjahr 1923 sei sie nach ein paar Wochen Lehrzeit in einem Büro – ihr Traumberuf, wenn sie schon nicht Lehrerin werden konnte – eines Morgens ganz plötzlich entlassen worden, weil sie mit ihren dreizehn Jahren die Jüngste gewesen sei. Den ganzen Tag sei sie durch die Stadt gelaufen auf der Suche nach einer neuen Lehrstelle, weil sie dem kranken und arbeitslosen Vater nicht ohne Verdienstmöglichkeit unter die Augen treten wollte, erzählte die Mutter manchmal. Ihr älterer Bruder habe in Winterthur als Schlosser gearbeitet, weil es in Deutschland keine Arbeit für ihn gab. Am Abend hatte

Marie dann die Zusage, als Lehrmädchen in dem feinen Textilgeschäft „M. Schneider“ unterzukommen, dessen „Juniorchef“ sie wie alle Mädchen zuvor einfach „Ellis“ nannte – Alice, dachte Lena und sagte es nicht. Sie habe dort die ganze Lehrzeit durchgehalten, obwohl sie wusste, dass vor ihr schon viele Mädchen nach ein paar Wochen gekündigt hatten, erklärte die Mutter stolz. Warum das so war, hat sie der Tochter nie erzählt. Bei „M. Schneider“ zerfielen die Pelze auf den Schränken.

Wenn es im Neckartal regnet, schneit es manchmal schon auf der Alb, und vielleicht auch dahinter: Lena muss sich überraschen lassen. Warme Stiefel hat sie vorsichtshalber angezogen. In Geislingen die Ansage, es gebe einen „außerordentlichen Halt zum Ankoppeln einer Schublok“. Die Geschichte vom mühevollen Albaufstieg hat der Onkel Heinrich oft erzählt, der als junger Mann auf dieser Strecke als Lokführer eingesetzt war, „vor’m Griag“. Später musste er nach Polen, um die Eisenbahnwägen voll mit Juden aus dem Ghetto Litzmannstadt zu den Konzentrationslagern zu ziehen, „nach Auschwitz halt, mid meiner Maschin’“. Langsam legt sich der puderfeine Schnee über die feuchten Felder, über Wiesen und auf Bäume, schließlich auf die Dächer von Ulm, das immer schon ein bisschen Heimat ist. Der Münsterturm ist eingerüstet, das malerische Fischerviertel am Donauufer im Schneeflockengestöber kaum zu sehen.
Lena zieht Jans kleines Solarradio aus dem Rucksack: Es funktioniert noch immer, mehr als zehn Jahre nach seinem Tod. Das wird Lena seinem alten Vater erzählen, ihm die Kopfhörer an die Ohren halten, er wird sich freuen! Die Nachrichten melden Schnee in Bayern und Gewalt im „Heiligen Land“. Der Johann, Lenas Vater „hod geng dia Judn kämpfn miassn, do im Oschdn“, sagt die Stimme des Lokführer-Onkels auf jener Tonkassette, wo er dem Sohn, Lenas verstorbenem Cousin, einmal „G’schicht’n aus’m Griag“ erzählt hat, auf dessen vorsichtig-eindringliche Fragen.

Gegen Mittag erreicht der Zug Lenas Heimatstadt, mit dem ältesten erhaltenen Bahnhofsgebäude Deutschlands, wie eine Tafel stolz verkündet – für das Kind war es ohnehin der schönste Bahnhof der Welt, und blieb es für die Studentin, auch noch als sie andere Städte mit größeren und architektonisch aufwändigeren Bahnhöfen gesehen hatte: Stuttgart, Zürich und Mailand. Der Vater wäre gerne Fahrdienstleiter geworden, aber weil sein älterer Bruder schon Lokführer war, hätte die Reichsbahn ihn abgelehnt – so hat er es Lena erzählt. Vielleicht hätte er in die NSDAP eintreten müssen, denkt Lena heute. Er war immer nur „Anwärter". Auch das Berliner Archiv, an das Lena sich später wandte, brachte tatsächlich nur einen Antrag auf Mitgliedschaft ans Tageslicht, ohne Datum und ohne Aufnahmebestätigung. So zog es Johann lebenslang auf Bahnhöfe, und als das Kind kam, lang „noch em Griag", lernte es laufen und ging an der Hand des Vaters mit, am Sonntag in die großen Kirchen der Stadt, und immer zum Bahnhof.
Sind die Eltern damals auch hier eingestiegen, am Bahnsteig fünf, in den Zug Richtung Weilheim in Oberbayern? Wer ist mitgefahren? Beide Elternpaare des Brautpaares lebten ja noch, damals, „vor'm Griag", 1937. Es waren schöne Zeiten.
War Marie schwanger? Das dunkelgrüne Samtkostüm, das sie auf dem Hochzeitsbild trägt, hat Lena nie zu Fragen veranlasst: Warum war die Mutter keine weiße Braut? Haben die Freunde, die Arbeitskollegen, das Brautpaar zum Bahnhof gebracht an diesem Morgen? Sich eine Bahnsteigkarte geleistet, die man damals noch brauchte?
Entfliehen wollten sie der „ganz'n G'sellschaft", hatte die Mutter einmal erzählt, deshalb die Entscheidung für St. Ottilien, die Hochzeit bei den Patres. Auf einem Hochzeits-Foto von Onkel Heinrich, ein paar Jahre zuvor, wehen die Hakenkreuzfahnen, und die Tante Anni ist eine stolze weiße Braut. Dieser ganzen Gesellschaft wollten sie vielleicht entfliehen.

Vielleicht sind sie ja ganz heimlich, still und allein an diesem Morgen zum Bahnhof spaziert – die Straßenbahn war zu teuer – und in den Zug gestiegen. War es überhaupt ein Samstag, so wie heute? Bekamen sie frei für die Heirat? Die Gesetze waren streng damals, „vor'm Griag". „Do hot no eine Ordnung g'herrschd!". Wie lange hat die Zugfahrt gedauert? Heute sind es 47 Minuten, vor einem halben Jahrhundert wird es mehr als eine Stunde gewesen sein, vielleicht gar zwei. War es schon Frühling? Ein warmer Apriltag vielleicht, heute ist März und es schneit noch immer. War der Zug genau so leer wie heute, bis auf das Hochzeitspaar und seine wenigen Begleiter? Samstagvormittags fahren die Leute eher in die andere Richtung, vom Land in die Städte, damals wie heute: zum Einkaufen oder Verkaufen, auf den Augsburger Stadtmarkt.
Das Land ist flach und weit, die Dörfer träumen im Schnee, viele Rollläden an den Häusern sind noch heruntergezogen, nur wenige Autos warten an den Bahnschranken. In den Dreißigerjahren gab es keine Rollläden und kaum Autos, denkt Lena, und die meisten Häuser am Rande der Dörfer standen noch gar nicht. Marie hatte das ihre gerade gebaut, rechtzeitig zur Hochzeit, mit finanzieller Hilfe ihrer Eltern, in der vornehmen Gartenstadt Spickel, wo die besseren Leute wohnten, Fabrikdirektoren und höhere Beamte. Da war kein Geld mehr übrig für Brautkleid und Feier. In Vaters Nachlass hatte Lena eine exakte handgeschriebene Aufstellung gefunden, über Fahrtkosten, Trauungsgebühren, sowie über Würstchen mit Kartoffelsalat und Bier. Vermutlich sind sie im gleichen Restaurant gesessen, wo heute der Geburtstag von Jans altem Vater gefeiert wird, noch immer gibt es in St. Ottilien nur den Emminger Hof, benannt nach einem früheren Weiler an der Stelle, wo in der Barockzeit das erste kleine Ottilienkirchlein erbaut worden ist.
Die Schneeflocken draußen vor dem Zugfenster werden dichter und feuchter, die gepflügten Felder bilden schwarz-weiße Mus-

ter, hier und da grast ein Pferd. Das könnte damals auch so gewesen sein.
Aber der Zug? Lena streckt sich behaglich auf den blau karierten nagelneuen Polstersitzen aus, ohne Mantel und Schuhe im überheizten Wagen. Damals waren die Sitze aus schmalen lackierten Holzlatten zusammen gefügt. Heute gibt es eine Heizung und einen Papierkorb in jedem Abteil, international verständliche Bildsymbole verbieten das Hinauslehnen der Passagiere und das Hinauswerfen von Gegenständen.
Lena stellt sich die ovalen weißen Emailleschildchen vor, auf denen damals in altdeutscher Schrift die Verbote formuliert waren: Es ist strengstens verboten, es wird bei Strafe untersagt. Keine Fremdsprachen, alles nur für Deutsche. In Posen sei es den Juden verboten gewesen mit dem Zug zu fahren und mit der Straßenbahn, hatte die Mutter einmal erzählt.
Der Zug hält an jedem Dorfbahnhof, als hätte er unendlich viel Zeit. Die Namen werden Lena immer fremder. War den Eltern diese Gegend vertraut, bis hinunter ins bayerische Allgäu? Haben ihre Fahrrad-Sonntagsausflüge sie je so weit geführt, oder die Busse der Organisation „Kraft durch Freude"? Oder war die Hochzeit wirklich eine Flucht in eine fremde Welt, wo sie sicher sein konnten, dass niemand ihnen folgte? Ein neugieriger Nachbar konnte sich damals nicht einfach ins Auto setzen und zufällig vorbei kommen, um mal eben schnell zu gratulieren!
Der Schaffner fragt nach Lenas Fahrkarte, im Dialekt ihrer Heimatstadt, wenigstens daran hat sich nichts geändert, stellt sie beruhigt fest. An den Fahrkartenschaltern der größeren Stadtbahnhöfe sitzen seit der Wende die Angestellten der ehemaligen Reichsbahn Ost, die sich rasch und professionell angefreundet haben mit neuen Wörtern wie Höllentalbahn und Rheintalstrecke. „Jetzad miassens' dann glei aussteig'n!" Beinahe hätte Lena den Haltepunkt St. Ottilien verpasst. Kurz nach einer größeren Haltestelle taucht der Turm der Abtei jäh hinter

einem Waldstück auf. Lena fährt in die Stiefel, rafft Mantel, Rucksack und Schirm schnell zusammen und steht schon auf dem nassen Bahnsteig, flieht vor Regen und Schnee unter das Vordach eines winzigen Natursteingebäudes und ordnet ihre Sachen. Der Zug ist schon wieder weg, niemand außer ihr ausgestiegen. So allein im Schneeregen ist Lena jetzt doch ein wenig enttäuscht, dass niemand aus Jans Familie sie mit dem Auto abholt, aber es war ja auch nichts ausgemacht. Marie und Johann mussten damals den Weg zur Kirche auch zu Fuß gehen!
Der Weg ist nicht zu verfehlen, weitläufig liegt das Kloster vor Lena, auf halber Strecke ein kleineres Zwiebelturmkirchlein, das älter aussieht und sich später als die ursprüngliche Kapelle der Heiligen Ottilie erweisen wird. Erst im späten 19. Jahrhundert haben die Benediktiner das Missionskloster errichtet.
In die Kirche wird die Festgesellschaft nicht gehen, obwohl Jans alte Eltern sicher gern ein paar fromme Lieder mit allen gemeinsam dort gesungen hätten. Aber das Programm der Familie ist wie immer umfangreich, lustige Lieder und Diaprojektionen, Theatersketche und Reden. Lena erfährt Neues aus dem Leben von Jans Vater, seiner Kindheit in Schlesien, von Armut, Krieg und Flucht, so dass sie vergisst, ihm Jans kleines Solarradio ans Ohr zu halten. Um Sechs beginnt schon die Vesper der Patres – Lenas Anregung, gemeinsam daran teilzunehmen, geht im Festgetümmel unter. Die ersten, von weiter her, müssen sich schon verabschieden, und auch Lenas Zug fährt bald wieder zurück über die Schwäbische Alb.
Also muss sich Lena die Hochzeit der Eltern ohne die optische Hilfe des Kirchenraums vorstellen. Der Pater, der die Trauung vollzogen hat, lebt nicht mehr, seinen Namen findet Lena auf dem Friedhof des Klosters. Verwundert entdeckt sie jüdische Grabsteine, osteuropäisch klingende Namen, hebräische Schriftzeichen, religiöse Symbole. Wieso sind sie hier begraben? Haben sie sich im Kloster verstecken können während der NS-

Zeit? Haben sie nach der Befreiung aus dem nahe gelegenen Konzentrationslager Kaufering hier Zuflucht gefunden? Hat einer der Todesmärsche hier vorbei geführt? Alle starben nach 1945. Vielleicht könnten die Eltern, wenn sie noch lebten, Antwort geben.
Sind die Eltern nach Trauung und Mittagessen noch ein bisschen gewandert, in der Umgebung? Wahrscheinlich waren sie dazu nicht passend gekleidet. Auf dem Hochzeitsfoto trägt die Mutter das dunkelgrüne Kostüm und vermutlich unbequeme Schuhe, wie sie es auch noch im hohen Alter gerne tat – immer eine Nummer zu klein. Gern gewandert ist nur der Vater. Aber auch er wird leichte Lederhalbschuhe getragen haben und keine Wanderstiefel. Haben die Weißwürste geschmeckt? Die altdeutsche Schrift im „Emminger Hof" über den Räumen „Küche" und „Nebenzimmer" erinnert noch heute an die Dreißigerjahre, als wäre sie seither nie erneuert worden. Vielleicht ist das eben der Stil hier in Bayern, noch heute.
Würde Lena heute einen Film drehen, über die Hochzeit der Eltern in St. Ottilien, müsste nichts an den Kulissen verändert werden, nur die paar Autos müsste man ausblenden, die auf dem verschneiten Parkplatz vor dem Emminger Hof stehen. Der Film begänne und endete an dem kleinen natursteinverkleideten Bahnhofsgebäude, wo Lena jetzt im Schneeregen auf ihren Zug nachhause wartet. Auch hier, neben dem heroisch-naturalistischen Gemälde eines Mönchs oder Missionars, der mit erhobenen Armen die demütig vor ihm knienden Heiden zu bekehren scheint, finden sich die altdeutschen Buchstaben, „Sankt Ottilien" – genau wie „vor em Griag".
Mit so einem Zug sind die Brautleute damals zurückgefahren, vielleicht auch am Samstagabend. Je näher der Zug der Stadt Augsburg kommt, desto mehr junge Leute steigen ein.
Am Wiesenrand neben den Gleisen liegt noch immer Schnee.

***Bild 8: Stadttheater Augsburg: Garderobe, Treppe***

# Die glücklichen Jahre

Vielleicht wird es Schnee geben.
Es ist ein später Oktobertag, Johann und Marie, die Eltern, sind dreißig und sechzehn Jahre tot. Lena hat den Wecker gestellt, um einen frühen Zug in die Heimatstadt zu erreichen: Die „Machtergreifung“ in Augsburg, Anfänge der NS-Diktatur 1933–1937, Führung am Donnerstag um 11 Uhr.
Bei einem Besuch im Archiv der Stadt, im Frühling, als Lena nach den Spuren dieser Diktatur in der eigenen Familie suchte, hatte der freundliche Archivar ihr die Ausstellung für den Herbst angekündigt. Lena war gefasst auf Dokumente des Schreckens und der Unterdrückung, und darauf, endlich ein paar originale Quellen aus dieser noch immer fremden, weil in der Familie stets beschwiegenen Zeit zu entdecken: Einen Blick in die Gesichter der Sieger wie der Ausgestoßenen zu werfen, vielleicht flüchtig erinnerte Namen einordnen, nur am Rande erwähnte Ereignisse besser verstehen zu können.
Als Lena aus dem Haus tritt, beginnt es zu schneien. Also noch mal zurück, Schirm und Wollhandschuhe geholt: Es kann kalt werden, sie muss den Tag überstehen. Vielleicht wird es Schnee geben.
Etwa 1934 müssen Johann und Marie sich kennen gelernt haben. Von einem Jazzkonzert war die Rede, alle fünf Brüder hätten die hübsche Marie damals umschwärmt, aber nur ihn, Johann, „den Ruhigsten“, habe sie dann erwählt. 1936 war das Haus in der Gartenstadt fertig geworden, finanziert von Maries Vater, per Erbpacht, unter äußerlich günstigen Bedingungen wohl, aber doch unter Entbehrungen: Der Fabrikschmied vom Dorf und die Weißnäherin aus der nördlichen Arbeitervorstadt wollten das Beste für ihre Tochter! Die Hochzeit war erst im April 1937. Und davor? Waren sie schon eingezogen, ohne ver-

heiratet zu sein? Unvorstellbar für die damalige Zeit! Hatte das Haus mehrere Monate leer gestanden? Oder gab es schon Mieter, die ein wenig Geld brachten? Offenbar hatte es noch etwas zu klären gegeben. Vielleicht hatte Maries Vater doch noch gehofft, dass sie einen der anderen Brüder, einen Beamten, vorziehen würde, der finanziellen Sicherheit wegen? Aber Marie, in jungen Jahren schon „Erste Verkäuferin" in der Abteilung Kurz- und Modewaren des angesehenen Textilhauses Rübsamen, wollte offenbar keinen Diener eines Staates, der die jüdischen Textilvertreter, ihre Geschäftspartner, in die Emigration zwang. Hat sie diesen Zusammenhang damals gesehen? Oder sind das die Fantasien der Tochter, heute?
Marie wird Johann geliebt haben. Es waren glückliche Jahre.

Als Lena in den Zug steigt, schneit es ein bisschen auf die Bahnsteige, aber der Schnee bleibt nicht liegen auf dem warmen Asphalt. Dann, auf den Bäumen der umgebenden Hügel, soweit sie durch die Nebelwolken hinterm Abteilfenster zu sehen sind, liegt Reif. Auf den Feldern entlang der Bahnlinie bleibt der Schnee liegen, immer wieder neue Flocken, hellgrün scheint die Wintersaat an manchen Stellen durch, dunkelbraun die umgepflügte Erde an anderen. Bei der Einfahrt in den Bahnhof der Nachbarstadt Reutlingen fällt Lenas Blick auf die vierstöckigen Arbeiterwohnhäuser, und, unter dem Schutz eines Blechdachs, die weiß-grünen Wagen der Straßenbahn, die hier einmal verkehrt haben muss. Beides war ihr früher nie aufgefallen. Das gibt es in der Heimatstadt auch, in Augsburg. Bald bin ich zuhause, denkt Lena.
Der Anschlusszug in Plochingen fährt mit über zehn Minuten Verspätung ein und ist fast leer. Unnötig also, ihren Wagen mit dem reservierten Platz zu suchen, Lena setzt sich einfach an eines der Tischchen zum Schreiben. Warum hat sie sich bloß diese Reservierung aufschwätzen lassen, an einem ganz

gewöhnlichen Werktag-Morgen? Für die vier Euro hätte sie eine schönen warmen Kaffee aus dem Automaten holen können, in der Wartezeit, als der Schneewind über den Bahnsteig pfiff! War es der unerwartet vertraute „ostschwäbische“ Akzent des Schalterbeamten gewesen?
Dem Wort „ostschwäbisch“ wird Lena erst ein paar Stunden später in der Staatsbibliothek zum ersten Mal begegnen, in einem der ausgestellten heimatkundlichen Druckerzeugnisse aus der Zeit zwischen 1933 und 1937, die die schleichende Gleichschaltung des Verlags- und Pressewesens dokumentieren sollen. Johann hatte in einer katholischen Verlagsdruckerei gearbeitet. War ihm die „Gleichschaltung“ aufgefallen? Aus Arbeitnehmern und Unternehmern wurde die „Betriebsgefolgschaft“, aus dem Redakteur der „Schriftleiter“. Es mag Johann gefallen haben.
Die Geislinger Steige hinauf wird der Zug wie immer ein wenig langsamer, aber die modernen E-Loks schaffen den Anstieg leicht. In den Dreißigerjahren musste sich Lenas Lokführer-Onkel mit seiner „Maschin'“ noch hinauf kämpfen: „Des war fei ned einfach, gell!“ Das Kind mag staunend genickt haben, obwohl es sich unter einer „Geislinger Steige“ nichts vorstellen konnte, so wenig wie unter „Litzmannstadt“ oder „Auschwitz“ – aber war davon wirklich die Rede gewesen, am Kaffee- oder Abendessenstisch bei den Eltern, wenn der Onkel von den Transporten mit seiner „Maschin'“ erzählte, „domols em Griag in Pol'n“? Dort „ham mir Deidsche geg'n die Jud'n kempfd“.
Die Wörter kannte Lena. Nur die Wörter.
Draußen liegt der Schnee schwer auf den bunten Blättern und drückt die Äste nach unten. Viel zu früh, denkt Lena, sie sind ja noch nicht tot.
Als Lena kurz nach dem Ulmer Bahnhof den gewohnten Blick auf Münster und Fischerviertel erhaschen will, ist er von einer neuen Schallschutzwand versperrt. Dann, beim Albabstieg,

merkt sie, dass auch der Schnee verschwunden ist. Worüber ist Lena mehr enttäuscht? Sie hatte doch extra die Winterstiefel aus dem Keller geholt, sich eingestimmt auf die zu erwartende bayerische Kälte! So war es doch früher immer gewesen: Es wurde kälter, je näher sie der Heimat kam.
Einmal hat sie den Weg durch das Schneetreiben kaum gefunden, als in dem alten VW ihrer Studentenzeit die Scheibenwischer plötzlich versagten. Viele Stunden hatte sie gebraucht, über die Schwäbische Alb, sich langsam von einer Leitplankenleuchte zur nächsten gewagt.
So war das gewesen. Und jetzt fehlt bloß noch, dass gleich die Sonne herauskommt. Aber die Wolken bleiben grau, Schafherden auf nassen Wiesen, ein knallgelbes Rapsfeld.

Die schwere Eichenholztür im rechten Seiteneingang des Renaissance-Rathauses öffnet sich plötzlich automatisch, noch ehe Lena wie gewohnt ihre ganzen Kräfte sammeln kann, um sie nach innen zu drücken. Man muss sich den Eintritt in das repräsentative Foyer nicht mehr mit körperlichem Einsatz erkämpfen, bequem betritt man die reichsstädtische Prachthalle, die breiten Treppen führen empor zum „Goldenen Saal“ und zu den immer hygienisch blitzenden städtischen Toiletten. Die ehernen Figuren über den Fürstenzimmer-Türen, die Säulen und Marmorplatten bieten ein stilvolles Ambiente für die jeweils aktuelle Ausstellung: meist über Architektur und Kunst vergangener Tage – und heute eben die „Machtergreifung“: aufwändige Stellwände, lichthinterlegte großformatige Fotos, Film- und Tondokumente zum selbstständigen Anhören und Ansehen, eine perfekte Inszenierung.
Die Führung ist von 11 Uhr auf 11:30 verschoben worden. Enttäuscht greift Lena zu einem der Kopfhörer – sie hatte doch extra den früheren Zug genommen, um pünktlich anzukommen! Ein wenig planlos drückt sie einen der Knöpfe. Der charmant

einschmeichelnde Tonfall des Österreichers wird abgelöst von der fremdwort-gespickten pseudointellektuellen Rhetorik des Propagandachefs und danach dem vorwurfsvoll-unbeholfenen Badisch der Reichsfrauenführerin. So also hat die gesprochen? Das hat Lena noch nie gehört. Oder doch? Während ihrer Tübinger Studentenzeit hatte sie, um die Frau einmal persönlich zu sehen, an der Tür des Hexenhäuschens am Bebenhäuser Waldrand geklingelt. Sie sammelte Unterschriften für einen Bürgerentscheid, irgendetwas für die Umwelt. Lena wohnte damals in einer Wohngemeinschaft in der ehemaligen Klostermühle und alle wussten um ihre geheimnisvolle Dorfmitbewohnerin: Nach langem Warten erschien der Kopf einer weißhaarigen Frau im Dachgaubenfenster: Nein, klang es müde, daran habe sie kein Interesse. Und das Fensterchen schloss sich.
Und jetzt kommt diese Stimme ganz problemlos aus dem Kopfhörer! Haben Marie und Johann diese Reden damals gehört? Haben sie ihnen gefallen?
Niemand sei zur Teilnahme an den abendlichen Fackelmärschen gezwungen worden, wird der Historiker später sagen, der Lena zusammen mit einer Schulklasse durch die Ausstellung führt. Abgesehen von einzelnen Veranstaltungen, wie etwa der Maikundgebung, seien die Leute alle freiwillig herbeigeströmt, zum Beispiel am Abend des 9. März 1933 zu den nächtlichen Fackelzügen: Deutschland erwache!
Es gelingt Lena nicht, sich das Leuchten in den Augen von Johann und Marie vorzustellen, sie sucht ihre Gesichter auf den Fotos der begeisterten Menge vergeblich. Es sind zu viele. Wahrscheinlich mussten sie ja auch arbeiten, in ihren Berufen, bis spät in die Nacht hinein. So war es doch. Keine Arbeitszeitregelungen, keine gewerkschaftlichen Rechte, kein Arbeitsschutz – Lena hatte das oft genug in ihrem Geschichtsunterricht den verdutzten Schülern erzählt, mit Datenmaterial belegt. Aber die Bilder zeigen etwas anderes: Es waren glückliche Jahre!

Lena fühlt sich unbehaglich. Warum gelingt es dem jungen Wissenschaftler nicht, etwas vom Grauen und der Gewaltsamkeit dieser Zeit zu vermitteln, von den Mechanismen des schleichenden Übergangs einer ehemals demokratischen Stadtgesellschaft in eine „Volksgemeinschaft“, wie es im Katalog hieß? Die Schüler folgen ihm gelangweilt von Stellwand zu Stellwand und fragen nichts, und er fordert sie auch nicht auf, provoziert sie nicht durch eigene Fragen.
Es waren doch glückliche Jahre, denkt Lena trotzig. Daran ändert auch der bewusst ironisch-abwertende Tonfall des Historikers nichts: Alles Augenwischerei, sehen Sie doch mal diese einfachen Pappkartons mit den zerbrechlichen Schnüren an, die da an angeblich Bedürftige verteilt werden – das waren die städtischen Angestellten! Und die Autobahnen wurden schon 1937 für Fahrräder freigegeben, Panzer rollten da nie. Die Siedlungshäuschen waren viel zu klein für die kinderreichen Familien, und die Reden der Politiker langweilig, inhaltlich ganz unsinnig.
Ja, warum haben die Leute denn dann die Nazis dann gewählt? Lena ärgert sich. Warum fragt dieser Mensch die Schüler denn nicht, was sie mit ihren eigenen Augen auf den Bildern sehen, wie sie es sehen, und wie sie es verstehen? Überhaupt, was sie selber dazu denken, was sie wissen oder vielleicht wissen wollen? Warum weiß er alles besser als die gezeigten Dokumente? Warum zeigt er sie dann überhaupt? Eine museumspädagogische Fehlbesetzung, denkt die Lehrerin Lena verärgert.
Es ist nicht schwer, die Nazis von einem rationalen, wissenschaftlichen Standpunkt aus zu kritisieren, gewiss. Aber warum dieser Tonfall? Unerbittlich schiebt er sich vor Lenas eigene Wahrnehmung – und die der Schüler, denkt sie, schade, eine vertane Chance.
Aber was erwartet Lena denn? Welche Erkenntnisse sucht sie hier in dieser Ausstellung? Warum ist sie den weiten Weg gefah-

ren, an diesem verschneiten Spätherbsttag? Sie will Aufschluss bekommen über das Grauen, das über die Stadt von Johann und Marie hereingebrochen war, in den Jahren seit 1933, und dem sie nicht entkommen konnten – oder gar nicht wollten. Aber sie wollte auch begreifen, warum es so gewesen sein könnte, wie sie es in den Erzählungen der Eltern immer wieder hatte durchscheinen hören, ganz heimlich und unausgesprochen: Dass es glückliche Jahre waren, vielleicht die allerglücklichsten überhaupt, „wenn nur d'r Griag ned komma wär".
Die Vertreibung und Entrechtung der Juden, die Verhaftung der Kommunisten und Sozialdemokraten geschah „vor aller Augen", und gegen niemandes Widerstand, so ist es auf den Stellwänden zu lesen, vom März des Jahres 1933 an wurden Zeitungen verboten, Ratsmandate entzogen, Geschäfte boykottiert, Menschen blindlings und grundlos in das soeben neu gegründete Konzentrationslager Dachau verschleppt, eine gute Bahnstunde von Maries und Johanns Stadt entfernt. Und in der „Augsburger Nationalzeitung" gab es 1936 einen ganzseitigen Bericht über die sinnvollen und geordneten Verhältnisse in Dachau, der alle beruhigen konnte. „Arbeit macht frei".
Enttäuscht und verunsichert verlässt Lena den „Goldenen Saal" und macht sich auf den Weg in das ehemals „erste" Café der Stadt am Moritzplatz. Hier hat ihre Taufpatin, die es sich leisten konnte, nur halbtags zu arbeiten – so die Meinung von Lenas Mutter –, sich immer mit ihren Kolleginnen mittags zu Imbiss und Kaffee getroffen. Auch heute sitzen hier elegante Damen mit ausgefallenen Hüten und Handtaschen, und die Einrichtung hat sich seither Jahren kaum geändert, nur der Name, aber für viele ist das heutige „Dichtl" noch immer das alte „Drexl": Clubsessel aus Kunstleder, Kronleuchter mit Glühbirnen, nur aus der Toilette riecht es nach Desinfektionsmittel.
Lena stellt sich vor, dass das früher nicht so war, „vor em Griag", in den glücklichen Jahren. Da hat eine Ordnung geherrscht.

Ganz unspektakulär präsentiert sich am Nachmittag die Begleit-Ausstellung über Buchdruck und Verlagswesen in den NS-Anfangszeiten in der großen alten Staatsbibliothek, wo sie als Schülerin ihre ersten Fachbücher für Referate ausgeliehen hat: ein mächtiges Gründerzeitgebäude in der Nachbarschaft des Gerichts, mit geschwungenen Treppen und schmiedeeisernen Geländern, und einem Trinkwasserautomaten in der Garderobe, neben den abschließbaren Metallspinden.
Zwischen den alten originalen Druckerzeugnissen fühlt sich Lena schnell heimisch, nicht nur weil der Vater, der Buchdrucker, ihr die Freude an bedrucktem Papier schon als Kind nahe gebracht hat. Im Gegensatz zu den aufwändig gestalteten Stellwänden im Rathaus geben die Originaldokumente in den Tischvitrinen Lena die Möglichkeit, selber ein wenig zu forschen, den Blick genau zu fokussieren, die Aktenregistraturnotizen als Hilfsmittel richtig einzuordnen. Die Originale atmen den Geist der Zeit authentischer als die überdimensional vergrößerten Schwarz-Weiß-Fotografien auf den Plakatwänden im Rathaus. Die alten Typen, das vergilbte Papier, die liebevolle Ausgestaltung, stehen in schwer erträglichem Gegensatz zu den absurden völkischen Inhalten der Texte. Lena fühlt sich herausgefordert, zu fühlen, ist verwirrt, muss fragen, nachdenken – ein lebendiger Prozess im Gegensatz zum geglätteten Forschungsergebnis, das im Rathaus präsentiert wird.
Auch der so genannte „Stroop-Bericht“ über die Vernichtung des Warschauer Ghettos soll ja auf Büttenpapier in edler Schrift verfasst worden sein, jedenfalls das Titelblatt.
Hat Lena das nicht im Museum in Israel gesehen?
In der dritten Ausstellung im nahen Stadttheater soll es um die Gleichschaltung der Kunst gehen, am Beispiel von Schauspiel und Operette. In der völlig leeren Eingangshalle sitzt eine gepflegte ältere Dame hinter einem kleinen Tischchen, offenbar der Kartenvorverkauf für den Abend. Sie schickt Lena auf ihre

Nachfragen in die zweite Etage: Foyer 1. Rang, sagt die Dame mit professioneller Gleichgültigkeit in der Stimme. Das aus dem Rathaus bekannte Plakat über die „Machtergreifung“ empfängt Lena auch hier: Hitler winkend im offenen Wagen, daneben dringt jubelndes Volk aus dem Theater. „Montage“ steht hier – der Historiker im Rathaus hatte gesagt, es sei „wahrscheinlich eine Montage“. Ganz allein steht Lena in dem weitläufigen Raum im Stil der Fünfziger. Auch das Theater war ja vollkommen zerstört worden, „domols em Griag“.
Kleine Tischchen mit geschwungenen Beinen und pastellfarbenen Deckchen erwarten Gäste, die nicht kommen, nachmittags um fünf sind die Garderobenhaken leer, eine Toilettentür schlägt. Durch ein etwas undichtes Fenster kommt Zugluft, die nassen Straßen glänzen draußen in der Dämmerung, die inzwischen hereingebrochen ist. Plakate an beiden Längswänden des Foyers dokumentieren die schleichende Gleichschaltung des Spielplans, an die Stelle der Namen jüdischer Künstler treten zunehmend „arische“ Schauspieler, Sänger und Intendanten. Wer es nicht zu deuten weiß, bleibt unwissend, denkt Lena angesichts der kargen Kommentare auf den kleinen Schildchen. Opern- und Operettenarien hat die Mutter gerne gesungen, als Lena ein Kind war, in der Küche beim Abwasch: aus dem „Zigeunerbaron“ und dem „Land des Lächelns“, aus „Carmen“ und „Aida“: „Immer nur lächeln, und immer vergnügt, immer zufrieden, was immer geschieht, Lächeln trotz Weh und tausend Schmerzen – doch wie's da drin aussieht, geht niemand was an“. Und: „Glücklich ist, wer vergisst, was doch nicht zu ändern ist.“
Oft hatte die Mutter geschwärmt von den Abenden mit der „Volksbühne“ – dass auch dies ein von den Nazis gestohlenes Wort aus der Arbeiterbildung war, wie so viele andere auch, konnte die junge Frau nicht wissen, erst die „studierte“ Tochter. Alle miteinander seien sie ins Theater gegangen, zu Fuß natür-

lich, Maries älterer Bruder Jörg mit seiner eleganten Frau, die späte Lenas Taufpatin wurde, und wohl auch Johann, der die Lieder vielleicht leise mitsummte, weil er ihre Melodie aus dem Buchdruckergesangverein kannte, der „Gesellschaft Typographia".
Oder sie haben das alles nur im „Volksempfänger" gehört, denkt Lena. So unwirklich erscheint ihr alles, so ferne und nicht zu begreifen: Die glücklichen Jahre!
Langsam geht Lena zum Bahnhof zurück, es ist noch ein bisschen Zeit, bis der Zug fährt. Um fünf ist es schon dunkel und kalt, Pfützen auf den Straßen. Sie kann sich noch einen Kaffee holen. Vielleicht wird auf der Alb der Schnee zurückkommen, spätestens hinter Ulm. Lena versucht sich darauf zu freuen. Dieses Augsburg ist nicht meine Stadt, denkt sie. Es ist die Stadt von Johann und Marie, die Stadt ihrer glücklichen Jahre.

# Rheinreise im Winter

Nein, seine Mutter sei keine „Nazisse“ gewesen, hatte ihr Studienfreund Gerolf Lena damals erzählt, als sie in der Klostermühle wohnten, aus reinem Idealismus habe sie die Verantwortung für die Jungmädels in ihrer Heimatstadt Trier übernommen. Warum war Lena damals zu ihm in die alte Mühle gezogen? Einmal war er mit einem Maiglöckchenstrauß vor dem Seminar gestanden, um sie abzuholen. Das Rauschen des Mühlbachs, die romantischen Gemäuer, die Katze, der ganze Zauber des Klosterdorfs Bebenhausen!
Vielleicht war es die „Seelenverwandtschaft der Täterkinder“? Aber das ist ein Gedanke aus heutiger Zeit, damals wäre er beiden abwegig erschienen. Heute aber lag Gerolfs Einladung in Lenas Briefkasten.
Der Bummelzug nach Mainz steht schon ein Weile auf seinem Gleis am Mannheimer Bahnhof, als Lena an einem Samstagmittag im Januar einsteigt, und sie findet nicht gleich einen Sitzplatz zwischen den Frauen mit ihren prallen Einkaufstaschen und den blassen Jugendlichen, die sich trotz Walkman oder Handy lautstark über die Reihen hinweg unterhalten. An der Tür steht ein einzelner älterer Mann mit Rucksack und Hund, wie ein Wanderer aus der Romantik, aus der Zeit gefallen, denkt Lena. Mühsam stopft sie den dicken Mantel und die Reisetasche auf die Gepäckablage und klemmt sich mit ihrem Buch auf einen der schmalen Sitze – für Fernreisende scheint dieser Zug nicht vorgesehen zu sein.

Die Namen der kleinen Orte, die sich in der weiten Rheinebene an die Bahnlinie schmiegen, sind Lena fremd, nur angesichts des ziemlich ramponierten Bahnhofsgebäudes mit der Aufschrift „Osthofen“ hebt sie kurz den Blick: Wann hatte sie Anna Seghers’ Roman über das Konzentrationslager Westhofen zum letzten Mal im Deutschunterricht besprochen: Das siebte Kreuz?

Wie, wenn ich hier leben würde, denkt Lena, in dieser Landschaft, die gerade unter einem neblig trüben Winterhimmel wie an diesem heute Nachmittag die Jahrhunderte deutscher Geschichte zu atmen scheint, Glaube und Fortschritt, Intrigen und Kämpfe, Glück und Gewalt.
Von all dem ist über die Zeiten hin wenig in die alte Universitätsstadt zwischen Alb und Schwarzwald gedrungen, von der aus Lenas Freunde einmal die Welt hatten verändern wollen. Zu einem der Freunde, Gerolf, war sie unterwegs.

Ganz unerwartet taucht das ehemalige Reichsstädtchen Oppenheim inmitten der flachen Landschaft auf: Der Hügel mit Barockhäuschen aus rotem Sandstein, ganz oben ein riesiger gotischer Dom mit sehr spitzen Türmen. Ehe Lena ihrer Überraschung darüber nachfühlen kann, hält der Zug ganz plötzlich, und sie muss schnell ihre Sachen zusammen raffen und sich den Weg zwischen den die dicht stehenden Pendlern zur Tür bahnen: Da wohnt doch Gerolf, da muss sie doch hin!
Auf dem winzigen Bahnhof geht es über eine halsbrecherische Stahlgittertreppe und durch einen heruntergekommenen Wartesaal mit vernagelten Schalterfenstern und unlesbaren Graffiti zum Ausgang in das Städtchen. Es beginnt ganz leicht zu regnen, und der Wintermantel ist schon nach ein paar Schritten zu warm. Der Schnee, den sie schon nördlich von Stuttgart zurücklassen musste, fehlt Lena jetzt, die Geborgenheit der heimatlichen Kälte in der ungewohnt milden Rheinebene.
Die Lädchen auf der schmalen Bergstraße, die zum Zentrum des Städtchens hinauf führt, sind alle geschlossen. Im einzigen Café sieht Lena durch das große Fenster eine alte Frau über ihrer Zeitung sitzen. Gleich zwei Reichsadler grüßen vom gotischen Rathausdach, und über allem erhebt sich majestätisch diese Kathedrale, auf die später auch Lenas Blick aus dem Fenster der kleinen Pension fallen wird, die sie für eine Nacht bezieht.

Vor einem halben Jahr hatte der Freund sich überraschend telefonisch gemeldet: Er werde im nächsten Jahr 60 und wolle dazu ein paar Leute aus alten Zeiten einladen, aus dem Studium, den gemeinsamen Versuchen, die Welt durch linke Theorien und Hochschulpolitik zu verbessern. Auch Lena lebte ja damals mit ihm in der Wohngemeinschaft in der alten Mühle. Am Telefon verwendete Gerolf die Wörter von damals, die Lena lange nicht mehr gehört hatte und die ihr fremd vorkamen: systemimmanent, repressiv, das Kapitalverwertungsinteresse der Herrschenden ... Er berichtete von seiner Enttäuschung über eine alte gemeinsame Freundin, mit der er noch lange den Kontakt gehalten hatte, bis sie ihm beim letzten runden Geburtstag glaubte raten zu müssen, wie er leben soll. Und er berichtete von seiner italienischen Ehefrau, wie er sie „dort unten" kennen gelernt und sofort gewusst habe, dass er sie liebe.
Ein groß gewachsener dunkelhaariger Sohn wird Lena bei ihrer Ankunft im Haus des Freundes in Oppenheim die Tür öffnen.
Lena lässt sich von dem Vertrauen, mit dem sich der längst fremd gewordene Freund ihr so plötzlich öffnet, anrühren und verspricht zur Geburtstagsfeier zu kommen.
Gerolfs genaues Geburtsdatum hat Lena vergessen.
Das gebuchte Einzelzimmer erweist sich als voll eingerichtete Ferienwohnung für zwei Personen, mit brummendem Kühlschrank und frisch eingelegtem Filterpapier in der Kaffeemaschine. Lena schiebt das kleine Tischchen vors Fenster, für ihren Schreibblock, und sieht einem Buntspecht zu, der einen der kahlen Bäume rund um den kleinen Parkplatz vor dem Haus bearbeitet. Sie genießt es, nach den vielen Menschen im Zug allein in dem Häuschen in der Spitalgasse zu sein. Sie sei die erste von allen Übernachtungsgästen des Herrn R., sagt die Wirtin, bei der Lena den Schlüssel holt.
Wahrscheinlich kenne ich die Leute sowieso nicht, denkt Lena, vielleicht kenne ich überhaupt niemanden. Auf Joachim aus

Bremen, der auch eingeladen war, hätte sie sich gefreut, nach beinahe dreißig Jahren. Seine Mail voller düsterer Andeutungen hat sie dann aber abgeschreckt, die Absage nicht verwundert: Gibt es das, dass ein Mensch sich überhaupt nicht verändert in so langer Zeit? Von „Verblödung“ und „Überdruss“ hat er geschrieben, vom Altern und Verkalken, und dann wieder kluge historische und literarische Anmerkungen über seine wissenschaftliche Arbeit nachgeschoben.
Wie früher, denkt Lena, Politik und Wissenschaft ersetzen das lebendige Interesse an den Menschen – an uns! Waren wir damals alle so, und wie sind wir heute, was ist aus uns geworden? Können wir überhaupt noch etwas miteinander anfangen, sind wir nicht allzu verschiedene Wege gegangen? Was ist geblieben von den Hoffnungen der Studententage?
Die Fragen machen Lena neugierig und ängstlich. Weil noch genug Zeit ist, nimmt sie den Umweg zu Gerolfs Wohnung über die große Kirche, die so unerwartet majestätisch an vergangene Herrlichkeit gemahnt und das Örtchen überstrahlt. Die Sehnsucht nach Vertrautheit und Wiederfinden von etwas Abhandengekommenem hat sie schon fast aufgegeben, als Lena beim Umrunden des Gebäudes, durch Dreck und Matsch, dann doch noch zwischen den Stangen der Baugerüste ein offenes Portal findet. Aber an den hoch aufstrebenden Pfeilern fehlen die Heiligenstatuen, leer gähnt es zwischen den kleinen Fußstützen und Baldachinen – waren das die Franzosen, die 1689 hier wüteten, oder schon hundert Jahre früher die deutschen Protestanten? Hat sie nicht gerade einen Lutherplatz überquert, auf ihrem Weg durch das Städtchen?
Ein schlichtes Faltblättchen aus Umweltschutzpapier beschreibt mit liebevoller Genauigkeit die bunten Fenster aus verschiedenen Jahrhunderten, einzig verbliebener Schmuck des von Goethe noch „Dom“ genannten Gotteshauses, sowie das Grabrelief einer gotischen Gräfin mit Faltenrock und Segelohren – in

Ermangelung konkurrierender Madonnen- oder Heiligenstatuen eine exklusive Schönheit! Lena nimmt sich eine Ansichtskarte von dem wackeligen Ständer neben dem Ausgang und legt einen Euro in den mächtigen geschmiedeten Opferstock: Das helle Geräusch beim Aufprall der Münze lässt Lena vermuten, dass er leer gewesen ist.
Erbarmungslosigkeit ist das Wort, denkt Lena beim Aufwachen am andern Morgen nach dem Fest, als sie sich an Gerolf, den Freund, genau zu erinnern versucht, was für einen Menschen hat sie denn da getroffen, nach so vielen Jahren? Erbarmungslosigkeit sich selbst und den andern gegenüber. Was nicht stand hält vor den eigenen Ansprüchen, dem wird unerbittlich der Kampf angesagt: dem psychisch gestörten Nachbarn, dem politischen Gegner im Stadtparlament, dem intriganten Kollegen an der Uni. Die Erbarmungslosigkeit lässt das Blut in den Adern gefrieren, die Empfindungen erstarren, verhindert Berührungen.
Und damals in der Mühle? Lena erinnert sich, dass die Katze in alle Umzugskartons schlüpfte und kaum wieder hinauszujagen war. Gerolf hatte in einer rheinischen Universitätsstadt ein Stipendium in Aussicht, vielleicht danach eine wissenschaftliche Stelle. Lena und die anderen blieben zurück. Noch lange hatten sie für ihn das hintere Zimmerchen in der Wohngemeinschaft frei gehalten, fällt Lena ein, das man nicht heizen konnte. Aber er ging, um nie wieder zurückzukommen. Ohnehin stand ihnen in der Mühle seit einem Besitzerwechsel die Kündigung ins Haus. Ob er denn nicht erwäge, sich mit seiner Familie eine andere Wohnung zu suchen, wurde der Freund am Geburtstags-Abend von einigen Gästen gefragt, nach seiner grauenvollen Schilderung der offenbar kriminellen und verrückten Hausbewohner, die ihm die Post aus dem Briefkasten stahlen und ihren Müll in seine Tonne warfen. Lena hatte einen solchen Gedanken schon beim Anblick der riesigen Baustelle vor dem Haus nur mühsam

verscheuchen können: Wie kann man an einem solchen Ort leben? Aber wurden Gerolfs Augen nicht plötzlich lebendig und kampfeslustig, als er von dem anstehenden Gerichtsverfahren sprach? Und die Wohnung war ja wirklich schön, ganz zweifellos. Gerolf war schon immer ein Einrichtungsgenie gewesen, schon damals in der Mühle.
Es gibt nur Sieger und Verlierer, so lautete die Ideologie damals im Reich der Deutschen.
Und hat der Freund sich seinen Platz je aussuchen können? Glanz und Unrecht deutscher Jahrhunderte lasten auf diesem Tal, denkt Lena, und irgendwie auch auf Gerolfs Schultern – woher kommt dieser Satz jetzt? Ist der Freund deshalb hierher zurückgekehrt, in das Land der Mutter, an den deutschen Rhein? Sie sei zwar BDM-Führerin gewesen, aber „keine Nazisse" – so hatte Gerolf es gestern Abend formuliert. Weiß er es so genau? Haben sie miteinander darüber gesprochen? Ob die Mutter denn noch lebe, hatte Lena ihn gefragt. Ja, aber sie erkenne niemanden mehr.
Ein einziges Mal ist Lena Gerolfs Mutter begegnet: Eine große stolze gut aussehende unglückliche Frau neben einem in sich zusammengesunken am Tisch kauernden Mann, der nicht Gerolfs Vater war. Auf Lenas freundliche Bemerkung, das Abendbrot habe ihr gut geschmeckt, sagte sie schnell: Das sollte es auch! Nein, natürlich war sie keine „Nazisse", denkt Lena, weil das ein dämliches Wort ist. Sie war einmal eine junge Frau voller Hoffnungen gewesen, die an die Zukunft eines neuen Deutschland glauben wollte, aufgewachsen zwischen mittelalterlichen Domen und reichsstädtischen Weingütern, aber vielleicht auch Opfer von Arbeitslosigkeit und Wirtschaftskrise, politisch erniedrigt durch die Verachtung der siegreichen Nachbarn, so nah an der Rheingrenze, erweckt vom plötzlichen Aufscheinen einer neuen Identität, einer neuen Möglichkeit deutscher Stärke und deutschen Mutes.

Davon sangen ja die alten Lieder, die Lena im „Großen Bairischen Liederbuch" des Vaters gefunden hatte: „Ich hab mich ergeben mit Herz und mit Hand dir, Land voll Lieb' und Leben, mein teures Vaterland." Dann kamen die Verbrechen und der Untergang, und viele Seiten in den Liederbüchern wurden sorgfältig herausgeschnitten.
Geblieben ist der Sohn, Gerolf. Wollte die Mutter einen mutigen Hitlerjungen machen aus dem zarten blonden, zu früh geborenen Geschöpf, dessen Zwillingsbruder bei der Geburt gestorben und dessen Vater verschollen war? Gerolf selbst schien nichts über ihn zu wissen, er hat nie etwas Genaueres erzählt.

Das Entnazifizierungslager sei im bayerischen Allgäu gewesen, hatte er einmal erwähnt, ganz in der Nähe deiner Heimatstadt Augsburg! Lena erinnert sich an sein ironisches Lachen, und dann fallen ihr die Gräber der in Landsberg hingerichteten Kriegsverbrecher ein, die sie einmal bei einer Radwanderung zufällig entdeckt hatte – einige noch nach 60 Jahren liebevoll mit Blumen geschmückt, ganz in der Nähe der KZ-Gedenkstätte. Nach dem Nachnamen von Gerolfs leiblichem Vater hatte Lena damals nicht gesucht, inzwischen hat sie ihn vergessen. Wieder zuhause, war ihr das Buch von Christopher Browning über die „Ganz normalen Männer" in die Hände gefallen, einfache Hamburger Arbeiter, die in einem Polizeibataillon ein jüdisches Dorf in den besetzten Ostgebieten auslöschen mussten; einige von ihnen hatten sich geweigert und waren trotzdem davongekommen. Lenas Phantasie brachte das Buch seither immer mit den Blumen auf den Landsberger Gräbern in Verbindung.
Und hat der vaterlose Sohn sich nicht redlich bemüht, den Auftrag der in ihrem Stolz und ihrem Glück so verletzten jungen Mutter zu erfüllen? Hat er dabei sein Herz geopfert, seine Fähigkeit zu lieben und zu leiden, zu lachen und zu weinen – denn all

das waren ja keine erwünschten Eigenschaften jener Jungen, die „hart, zäh und flink" sein mussten?
Das Summen des Kühlschranks setzt wieder ein und reißt Lena jäh aus ihren Aufwachträumen: Woher all diese Fragen? Was hat sie denn geträumt? Ja, dieser blöde Kühlschrank hat sie ein paar Mal am wirklich tiefen Einschlafen gehindert, aber sie hätte ja einfach den Stecker ziehen können. Es ist ihr doch gut gegangen gestern Abend unter all den interessanten und freundlichen Menschen. Sie ist liebevoll aufgenommen und bewirtet worden von Gerolfs Familie, und hat heitere menschlich anrührende Gespräche geführt mit den alten Freunden.
Worüber beklagt sich Lena? Was ist das für ein Schmerz, der sich in das Wohlbehagen unter der warmen Decke in der liebevoll-kitschig eingerichteten Ferienwohnung schleicht, woher kommt er? Waren es Gerolfs Blicke, sein ironisches Lachen, seine allzu kontrollierten Bewegungen? Dieses Gefühl ist nicht so einfach zu verjagen wie die Spatzen draußen vor dem Fenster. Wenn nur der Buntspecht von gestern wiederkäme!
Die Erbarmungslosigkeit, denkt Lena wieder, als sie Stunden später im Regen über den Wormser Domplatz läuft, auf der Suche nach irgendeiner gemeinsamen Geschichte mit Gerolf und mit den Freunden von damals. Sie hat die Heimreise hier unterbrochen, nachdem ihr Gerolf beim Frühstück die Stadt als sehr sehenswert ans Herz gelegt hatte, aber niemand von den Freunden wollte sie dorthin begleiten, auch er selbst nicht. Wer hat die frakturbeschriftete Jugendherberge hier hingestellt, damit die ankommenden Gruppen gleich geblendet würden von der Pracht des Nibelungendoms direkt gegenüber? Und wer den Judenfriedhof am Bahngelände, den „Heiligen Sand", auf dessen Grabsteinen noch bis 1935 deutsche Namen stehen, darunter ein Isak R. – der Name von Gerolfs Stiefvater? Himmler habe den Friedhof erhalten wollen als eine Art historisches Dokument einer ausgestorbenen Rasse, hatte der Freund bei-

läufig erwähnt. Und warum steht auf den liebevoll rekonstruierten und im Stil der 50-er Jahre bemalten Wänden der ehemaligen Kaiserpfalz rund um den Dom gar nichts von Luther, der sich hier beim Wormser Reichstag vergeblich vor dem unerbittlichen katholischen Kaiser zu rechtfertigen versuchte?
Wer hat uns Deutschen das Herz aus dem Leib gerissen?
Im Zug auf der Rückfahrt nach Hause fallen Lena dann endlich die aus der Kindheit bekannten Namen ein: „Niersteiner Domtal“ – welcher Dom war gemeint? – und „Oppenheimer Krötenbrunnen“. Als sich Lena am Nachmittag zuvor auf ihrem Weg durch das Städtchen an den beweglichen Gliedern der Brunnenfrösche freute, waren ihr die Weinsorten noch nicht in den Sinn gekommen, die zuhause bei den Eltern zu besonderen Festtagen manchmal getrunken wurden.
Die kleinen Bahnhöfe wirken auf der Heimfahrt nicht mehr ganz so fremd, als Lena noch einmal an ihnen vorbei fährt, auf dem Rückweg von Mainz, wo sie nirgendwo eine Gedenkstätte für Anna Seghers hat finden können. Nur die Stadtbücherei trägt ihren Namen, wahrscheinlich erst seit der deutschen Wiedervereinigung. Das Schild sieht recht neu aus.

Das Bahnhofsschild Osthofen ist nun nicht mehr der einzige Name mit einer Geschichte auf der Rheinstrecke. Aber hieß das Konzentrationslager nicht Westhofen? Hat es so etwas tatsächlich gegeben, hier am schönen deutschen Rhein?

# Eine Handvoll Erdbeeren

An einem Herbstmorgen in den Sechzigerjahren, das Schuljahr hat gerade angefangen, holt Lena wie immer ihr Fahrrad aus dem Keller des Elternhauses und schiebt es durch den Garten zur Toreinfahrt. Dann stellt sie das Rad auf den Ständer, denn sie braucht beide Hände, um den Riegel des schweren Einfahrtstors zu öffnen. Danach wird Lena das Tor wieder sorgsam verschließen, sie wird sich auf das Fahrrad schwingen und in ihre Schule am Rande der Altstadt radeln, sie freut sich auf den Schultag. In diesem Moment öffnet sich ein Fenster im oberen Stockwerk des Nachbarhauses gegenüber. Lena sieht hinauf und erkennt das großflächige runde Gesicht des alten Mannes im Frühnebel. „Mei Frau isch g'schdorba", Herrn G.s Stimme zittert, „heid Nacht isch mei Frau g'schdorba", er scheint zu weinen, „sagsch's deiner Mudder!"

In den späten zwanziger Jahren ist Herr G. ein junger Arbeiter, ein einfacher Mann, der in einer großen Maschinenfabrik arbeitet. Er heiratet und bekommt eine hübsche Tochter. Herrn G.s Frau ist anspruchsvoll und möchte mehr vom Leben haben. „Bausch uns halt a Häusle, fier d's Kind, dass's schpiela ka auf d'r Wies!" Als die neue Regierung an die Macht kommt, gibt es günstige Kredite zur Wohnbauförderung für die deutschen Volksgenossen. Herr G., der einfache Arbeiter, und seine Frau sind deutsche Volksgenossen. Das Haus liegt nahe am Bahndamm am Rande der neuen Gartenstadt Spickel, die ihren Namen von der Lage zwischen Bahngleis und Lechkanal bekommen hat. Die Straßen sind nach den Siegerorten des Ersten Weltkriegs benannt: Eupen, Warndt, Malmedy. Davon wissen die meisten Bewohner nichts, oder sie beachten es nicht. Manche halten Kaninchen oder Hühner, sie pflanzen Bohnen oder Salat. Herr G. pflanzt Erdbeeren, das hat nicht jeder.

Herr G. hat sehr blaue Augen und ein rundes, freundliches Gesicht. Die Kinder in der Straße mögen ihn, weil er ihnen manchmal Schusser aus Glas schenkt, „Glugger“ sagt Herr G., oder eine Handvoll Erdbeeren aus dem Garten. Die anderen Nachbarn sind meist kinderlos, sie schenken niemandem etwas, obwohl manche von ihnen reich sind. Wenn es laut wird vom Ballspielen, öffnet eine der Direktoren- oder Fabrikanten-Ehefrauen manchmal ihre sonst stets gut verschlossenen Fenster, ganz kurz, um zu schimpfen. Herr G. aber lehnt am Feierabend mit verschränkten Armen im offenen Fenster und sieht den Kindern beim Spielen zu. Als Lena mit drei Jahren wegen einer Ohrenoperation ins Diakonissen-Krankenhaus muss, bringt er ihr eine Handvoll frische Erdbeeren aus seinem Garten. Das Kind hatte gerade den Grießbrei der unfreundlichen Krankenschwester über die Bettdecke ausgeschüttet und wurde von ihr dafür angeschrien – da kam so ein Trost gerade recht! Fast eine Stunde muss Herr G. zu Fuß hingegangen sein, und wieder eine Stunde zurück. Ein Auto hatten damals nur die reicheren Leute in der Nachbarschaft, und die Straßenbahnhaltestelle war ziemlich weit entfernt.

Frau G. trägt gerne elegante Kleider, manchmal geht sie zur Schneiderin am Rande der Altstadt, kleinere Sachen für das Töchterchen traut sie sich sie selber zu, auf der neuen Singer-Nähmaschine. Ab und zu bringt sie ihrem Mann etwas aus der Stadt mit, ein paar halbleinene Herrentaschentücher oder auch einmal ein modisches Herrennachthemd aus weich fließendem Batist mit rotseidenen Einfassungen, zum Geburtstag vielleicht, oder zu Weihnachten. Dass so etwas doch viel zu teuer sei, denkt Herr G. nur und lächelt, als seine Frau ihm das Geschenk hinhält. Das kleine Textilgeschäft am Schmiedberg läuft immer schlechter. „Dia muaß ma doch o läba lossa, dia Juda“, sagt er vielleicht, und Frau G. nickt nur und legt die Taschentücher ganz hinten in die Schublade des Kleiderschranks: „Dia nimmsch fei bloß am Sonndag, gell!“

Herrn G.s Humor und sein Gerechtigkeitsempfinden, aber vor allem seine Offenheit und sein Mut gegenüber dem Betriebsleiter machen ihn bei den Kollegen beliebt, und die „Betriebsgefolgschaft“ wählt ihn zu ihrem Vertrauensmann. Der Kredit für das Haus muss abbezahlt werden. Herr G. strengt sich an in der Fabrik, er macht Überstunden und bringt es zum Vorarbeiter. Dann passiert der Unfall, weil es immer schneller gehen muss, und Herr G. verliert den Zeige- und Ringfinger der rechten Hand, der Daumen ist nur noch ein Stummel. Der Betriebsleiter entlässt ihn sofort, er könne ja seine Arbeit mit der verstümmelten Hand nicht mehr verrichten! Er sei nun leider kein vollwertiges Mitglied der Betriebsgefolgschaft mehr. Herr G. verlangt einen anderen, passenden Arbeitsplatz. „Do muascht halt in d' Bardei nei!“, sagt der Meister. Herrn G. gefällt das nicht, er liebt seine Freiheit und war früher einmal in der Gewerkschaft gewesen, als es die „Deutsche Arbeitsfront“ noch nicht gab. Gern streicht er abends mit seinem Hund durch den Wald am Rande der Gartenstadt, jetzt auch mit dem Kinderwägelchen. Zu Parteiversammlungen oder militärischen Übungen möchte er nicht gerne gehen. Manche halten ihn für „an Sozi“, erzählen es hinter vorgehaltener Hand.
Frau G. möchte gerne weiterhin zur Schneiderin gehen und in eleganten Textilgeschäften einkaufen. Das Kind wächst heran und wird immer hübscher. Und das Haus muss abbezahlt werden. Herr G. tritt in die Partei ein und bekommt eine leichtere und besser bezahlte Arbeit, er darf andere Maschinen bedienen, die nicht so gefährlich sind.

In diesem Sommer ist die Erdbeerernte besonders gut, Herr G. weiß gar nicht wohin mit der roten Pracht!

Der Textilhändler am Schmiedberg hat nicht mehr viele Kunden. Bei ihrem letzten Besuch, erzählt Frau G. ihrem Mann, saß er ganz allein zwischen halbleeren Regalen in seinem Laden. Nun müsse er auch seinen alten Vater mit versorgen, seit diesem die Rente gekürzt worden sei, erzählt er Frau G. Als „Volksschädling" und „Schmarotzer" hätte eine Nachbarin den alten Mann beschimpft, er selbst sei hilflos daneben gestanden. Am liebsten würde er nach Amerika auswandern wie die reichen Unternehmer, von denen manche seine Auftraggeber waren, aber sein Geld reiche ja kaum für das Essen.

Herr G. geht an einem warmen Abend ins Haus des Textilhändlers und bringt ihm im Schutz der Dunkelheit eine Handvoll Erdbeeren aus seinem Garten, für den alten Vater. Er bettet sie in einem Eimerchen auf Stroh und deckt sie gut damit zu, verbirgt sie sorgsam vor den neugierigen Blicken der Nachbarn. Aber jemand muss ihn gesehen haben.

An anderen Tag kommen zwei Männer in Ledermänteln und verhaften Herrn G. vor den Augen seiner Frau und des hübschen Töchterchens. Zehn Tage muss er in Gestapohaft verbringen. Drei Wochen später wird er als „Betriebsobmann" abberufen, denn seine Lebensführung sei kein Vorbild für die Gefolgschaft. Und kurz darauf überbringt der Blockwart der Straße, der alte Lehrer H., Herrn G. die Nachricht, dass ihn das Kreisparteigericht wegen Gesetzesverstößen aus der Partei ausgeschlossen habe. „Mir persönlich duad's leid", sagt der alte Herr H., der wegen einer Verletzung aus dem Ersten Weltkrieg hinkt und leicht gebeugt geht, „aber i kann nix macha!" Herr G. nimmt es dem Nachbarn, der immer ein anständiger Mensch geblieben ist, trotz seiner Blockwartfunktion, nicht übel, er lädt ihn zu einen Glas Erdbeerpunsch ein, „ganz frisch aus mei'm Garda!"

Das Töchterchen wächst heran, der Krieg wird immer aussichtsloser. Herr G. hört verbotene Radiosender und berichtet davon den Zwangsarbeitern und Kriegsgefangenen, mit denen

er jetzt zusammen an der Drehbank steht. Vorarbeiter ist er schon lange nicht mehr. Einem Amerikaner steckt er heimlich einen Kompass und eine Landkarte zu. So ausgerüstet, brechen ein paar Gefangene eines Nachts aus dem Lager aus und schlagen sich zu ihrer Einheit durch.
Die Erdbeeren blühen und Deutschland verliert den Krieg. Im fernen Amerika schreibt ein Mister R., ein ehemaliger „prisoner of war" in Germany, einen Dankesbrief an Herrn G., seinen „dear Karl". Es gehe ihm gut und er werde ihn nie vergessen.
Das Spruchkammergericht der amerikanischen Besatzer weist Herrn G. den Status des Mitläufers zu, nicht des Entlasteten. Ordnungsgemäß hat er seine Mitgliedschaft in der NSDAP in der entsprechenden Spalte des Fragebogens eingetragen. Eine Rubrik für Handlungen des Protests und Widerstands, oder einfach nur der Menschlichkeit gegenüber den Opfern des Regimes, ist auf dem Blatt nicht vorgesehen.
Herr G. setzt sich an die Schreibmaschine und tippt mühsam Taste für Taste, mit den erhalten gebliebenen Fingern der rechten Hand, einen Widerspruch. Er schreibt von den Erdbeeren für den alten Vater des Textilhändlers, den er amtsmäßig einen „Volljuden" nennt und seinem Vornamen „Israel" anfügt, von Kompass und Landkarte für die amerikanischen Kriegsgefangenen, von seiner zunehmenden Wut über das sinnlose Sterben in Krieg, aber auch von seiner ständigen Angst vor Entdeckung oder Verrat, schließlich von Gestapohaft und Parteiausschluss.
Lenas Mutter, die in keiner NS-Organisation und deshalb von den Amerikanern als „nicht betroffen" eingestuft worden war, wie es auf einer Postkarte in ihrem Nachlass wörtlich heißt, schreibt mit ihrer schönen Handschrift ein paar Zeilen für Herrn G., für die gerechte Sache, über seine jedermann bekannte Abneigung gegen das Naziregime, seinen Zorn über Ungerechtigkeiten, den tragischen Unfall, seine Charakterfestigkeit, seine Not. Auch diesen Brief findet Lena im Archiv bei ihren Nachfor-

schungen, viele Jahre später. Die Mutter ist lange tot. Sie hat dem Kind nie etwas davon erzählt. Auch die guten Taten mussten offenbar beschwiegen werden.

Doch es nützt nichts. Die Amerikaner nehmen Herrn G.s Widerspruch nicht ernst, auch nicht den Brief seiner Nachbarin, sie interessieren sich nicht für das, was er getan hat, oder glauben ihm einfach nicht.
Noch ehe Herr G. die abschlägige Antwort auf seinen Protest gegen den Spruchkammerbescheid bekommt, wird sein kleines Haus in der Gartenstadt Spickel als eines der ersten von den amerikanischen Offizieren beschlagnahmt, zusammen mit zwei weitläufigen vornehmen Direktorenvillen. Die Familie wird ins Haus des alten Lehrers Herrn H. eingewiesen, des ehemaligen Blockwarts, wo sie nun zu fünft in einer Dreizimmerwohnung leben. In der Küche lehrt Frau G. ihre heranwachsende Tochter die Singer-Nähmaschine zu bedienen. Wenn das Mädchen selber nähen kann, braucht es keine Schneiderin.
Der Dankesbrief aus Amerika, das einzige Beweismittel, kommt ein Jahr zu spät bei Herrn G. an. Der Textilhändler und sein alter Vater waren als Zeugen nicht mehr aufzutreiben – leider unbekannt verzogen.

An einem Frühsommerabend in den Sechzigerjahren geht Lena mit ihrer Mutter ins Nachbarhaus gegenüber. Herrn G.s Enkelin, hübsch wie ihre Mutter und nur wenige Jahre jünger als Lena, öffnet die Tür und bläst ihr eine Seifenblase mitten ins Gesicht. Ihre Mutter sitzt an der alten Singer-Nähmaschine in der engen Wohnküche und ist gleich fertig, nur noch ein kleiner Abnäher. Lenas Mutter schlüpft in das Kleid und dreht sich vor dem schmalen Spiegel im Flur: „Ja, des isch guad so, jetz passt di Tailje!“ „Und wia hoch woll'ns den Saum?“, fragt Herrn G.s Tochter noch, die Stecknadeln in der Hand. „Da können's drauf wart'n!

Die Enkelin bläst wieder Seifenblasen in Lenas Richtung. Die aber sieht dem alten Herrn G. zu, der am andern Ende des mit einer abgenutzten Plastikdecke überzogenen Küchentisches sitzt und graubraune Fleischstücke in dünne Streifen schneidet. Sorgfältig hält Herr G. jedes Stück mit den zwei verbliebenen Fingern der rechten Hand fest, schneiden muss er links, da hat er mehr Kraft, aber Mühe macht ihm das Schneiden noch immer. „Des gibt Kuddla zum Obendessa, glei kommt mei Schwiegersohn aus d'r Fabrik", Herr G. lacht Lena freundlich an und zwinkert mit seinen blauen Augen, „gell sowas kennd's ihr gar ned!" Und obwohl Lena sich ein wenig graust vor den merkwürdigen Fleischteilen, erwidert sie das Lächeln des alten Mannes und schüttelt nur zaghaft den Kopf. Von der Eckbank fliegen Seifenblasen mitten in Lenas Gesicht und landen direkt auf den Kutteln. „Komm, bring der Oma an Tee, des is gscheider", fordert der Großvater die Enkelin auf, statt sie zurechtzuweisen, und das Kind springt von der Bank auf und hüpft an Lena vorbei, die Seifenblasendose noch immer in der Hand, zu dem alten Kohleherd, um die blecherne Kanne zu holen. Die Großmutter liegt krank in ihrem Schlafzimmer nebenan – diesen Herbst noch wird sie sterben.
Wieder leben sie zu fünft in drei Zimmern, wie damals, kurz „noch em Griag". Als einer der letzten, lange nach Lenas Eltern, hat Herr G. sein Haus von den Amerikanern zurückbekommen. Die Mutter schlüpft noch einmal in das fertige Kleid, jetzt stimmt der Saum. Dann nimmt sie ein paar Scheine aus dem Geldbeutel und legt sie auf den Küchentisch, direkt neben das Brett mit den Kutteln: „Isch scho richtig so, gell!" Die Nachbarin bedankt sich und steckt die Scheine in die Schürzentasche. Der alte Herr G. steht jetzt mühsam auf, legt das Messer weg und geht mit schlürfenden Schritten zur Anrichte, wo eine Schale mit Erdbeeren steht, frisch aus dem Garten am Bahngleis. „Do", sagt er zu Lena, „nimmsch a Handvoll mit".

An all das erinnert sie sich an diesem Morgen, als sich das Fenster im oberen Stockwerk des Nachbarhauses plötzlich öffnet. Lena nickt hinauf zu Herrn G. und stellt das Fahrrad auf den Ständer. Dann geht sie durch das noch immer offene Einfahrtstor zum Haus zurück und klingelt, um der Mutter vom Tod der Nachbarin zu berichten. Erstaunt öffnet die Mutter die Tür: „Hosch was vergessa? Du kommsch ja z'schpäd in d' Schual!"

## Der Schatten des Polizeionkels

„Ab 1940 in militärischen Diensten“ – mehr steht hier nicht, sagt die freundliche Sachbearbeiterin und sieht von ihrem PC auf. Sie schaut Lena direkt in die Augen, als wolle sie sagen, „Das können Sie mir schon glauben“. Lena muss den Impuls unterdrücken, aufzuspringen und hinter die Frau zu treten, um selber auf den Bildschirm sehen zu können, hinter den Schreibtisch, wo sie nichts zu suchen hat. Aber warum sollte diese nette Angestellte der „Deutschen Rentenversicherung“ ihrer Besucherin, die da so hereingeschneit ist, etwas vorenthalten? Überrascht wird sie gewesen sein, dass Lena weder eine Beratung für ihren Rentenbescheid braucht noch sich über denselben beschweren will, wie all die anderen Wartenden in den Gängen des weitläufigen Gebäudes. Das ist ungewöhnlich, sagt sie und lächelt, als Lena ihr Anliegen vorträgt, aber sie kann gerne nachsehen. Die Versicherungsnummer haben Sie ja, das ist gut. Lena bleibt also sitzen. Sie ist mit der Straßenbahnlinie Vier durch die halbe Stadt gefahren, um Informationen über die berufliche Tätigkeit ihres Vaters während des Krieges zu finden. Ein Freund, aus einer jüdischen deutschen Familie stammend und in Schweden geboren, hat ihr, als sie von ihren schwierigen Nachforschungen berichtete, ein wenig aufgebracht, den Hinweis gegeben: Alle SS-Männer hätten doch nach 45 ihre volle Rente bekommen, während die Opfer oft vergeblich kämpfen mussten. Da müsse es doch Akten geben bei der Rentenversicherung, die Nazis hätten doch alles akribisch dokumentiert! Beim Suchen im Netz hat Lena dann tatsächlich entdeckt, dass es auch in Posen eine Rentenversicherungsstelle gegeben hat während der NS-Zeit. Sie sei aber „erloschen“. Aha. Dann blieb nur Augsburg, wo sich, wie überall, Vaters „Landesversicherungsanstalt für Arbeiter“ in die „Deutsche Rentenversicherung“ hineinverwandelt hatte – keine Trennung mehr in Arbeiter und

Angestellte, von der im Elternhaus manchmal die Rede gewesen war: Vater bekam sein Geld von der LVA, Mutter, als Textilverkäuferin, von der BfA.
„Militärische Dienste“ also. Das war alles. Was hatte Lena denn erwartet, als sie durch die regennassen Scheiben der Straßenbahn hinausschaute auf ihre Stadt, die Stadt des Vaters, vorbei am Gericht und am Theater, hinaus in die nördliche Arbeitervorstadt? Das riesige moderne Versicherungsgebäude, einschüchternd und einladend zugleich. Im Park vor dem Eingang eine römische Stele, bei den Bauarbeiten gefunden, und auf dem Rasen ein Kreis aus dicken Betonbuchstaben: Sol lucet omnibus. Die Sonne scheint allen – das Motto der gesetzlichen Versicherung.
Lenas Vater hatte nie von „militärischen Diensten“ gesprochen. Lena glaubte sich zu erinnern, dass er nicht in den Krieg ziehen wollte, kein Soldat werden, kämpfen und töten, wie seine Brüder und die Väter mancher Freundinnen, die noch Jahre später vor den Kindern mit ihren Taten geprahlt und von der guten Kameradschaft im Krieg geschwärmt hatten. Deshalb habe er sich ja zur Polizei gemeldet (sagte die Mutter „deshalb“?), und zwar nur zur Hilfspolizei: Die Polizei, dein Freund und Helfer. Polizei also, wie die beiden Brüder der Großmutter, fällt Lena ein, als sie wieder in der Straßenbahn sitzt, auf dem Rückweg von der Rentenversicherungsanstalt, zu ihrer Schulfreundin in die Gartenstadt. Sie wird ihr von der schmalen Ausbeute erzählen: „In militärischen Diensten seit 1940“. Und dafür bist du stundenlang in der Stadt rumgefahren, durch den Regen gelaufen, und auf dem Amt rumgesessen? Ja, dafür. Hat vielleicht damals dein alter Polizeionkel dem Vater diesen Posten verschafft, um ihn vor dem Militärdienst zu bewahren, fragt die Freundin. Lenas Mutter, Nichte dieses schneidigen Onkels (das Wort fiel stets, wenn von ihm die Rede war), mag sich für Johann eingesetzt haben: Du weißt doch, das Militär ist nichts

für den Johann, der hat doch zwei linke Händ! Dann schon eher der Innendienst, Verwaltung, er hat so eine schöne Schrift. Und er war ja schon über dreißig, als der Krieg begann. So kann es gewesen sein, denkt Lena. Aber in den Akten der Versicherung steht „in militärischen Diensten“, das hat sie jetzt schwarz auf weiß.

Nach dem frühen Tod seiner Frau in den sechziger Jahren kam der Onkel Alfred jeden Sonntag zum Mittagessen in Lenas Elternhaus, und die Mutter kochte ihm jedes Mal seine Lieblingsspeise, die dann alle essen mussten: Hirn oder Nieren, auch mal ein Herz. Lena ekelte sich und ging mit vollem Mund ins Badezimmer, um das angekaute Fleisch in die Toilette zu spucken.

Seinen Mittagsschlaf durfte der Onkel nach dem Essen in Lenas Kinderzimmer halten, in ihrem Bett, ohne dass die Mutter es neu bezogen oder zumindest eine Decke darauf gelegt hätte. Einmal, als Lena gerade am Tisch sitzt und einen Hausaufsatz für die Schule schreibt, fasst er die etwa Elfjährige plötzlich von hinten an den Schultern, dreht ihren Kopf zur Seite und drückt ihr einen nassen ekligen Kuss auf die Lippen.

Konzentriert auf ihre Arbeit, hat sie das Heranschleichen des Onkels nicht gehört, aber Lena kann sich seinem kräftigen Zugriff entwinden, steht auf und geht leise, damit die Eltern nichts hören, ins Badezimmer, wäscht sich das Gesicht mit kaltem Wasser und putzt die Zähne minutenlang. Dann geht sie zurück in ihr Zimmer an den Tisch und holt das Tagebuch heraus. Auf dem Fenstersims steht Lenas Alpenveilchen, das sie aus den Samenkügelchen der Nachbarin gezogen hat, schnell war es gewachsen und zum Blühen gekommen. Jetzt gefiel es dem Polizeionkel! Er könne es gerne mitnehmen, nach dem Kaffee, hatte die Mutter gesagt und gelacht. Der Onkel hat sich zur Wand gedreht und schläft oder tut so. Lena schreibt. Dass er die Suppe der Mutter jedes Mal fabelhaft nennt, das schöne Wetter

einmalig, und Lenas Fahrrad eine erstklassige deutsche Wertarbeit. Dass er ex-akt sagt, oder Junk-mädel, die einzelnen Silben betont und abgesetzt, als wolle er ständig jemandem etwas befehlen. Ja, so kommt es Lena vor. Sein gestelztes Hochdeutsch fällt dem Kind auf, so redet niemand in der Familie, wo alle Dialekt sprechen, die Mutter schwäbisch und der Vater bayrisch und manche Tante eine Mischung aus beidem. Sie schließt das Tagebuch mit dem kleinen Schlüsselchen ab und wendet sich wieder ihrem Hausaufsatz zu. Sie soll den Königsplatz beschreiben, so genau wie möglich, das gefällt der Schülerin.
Als die Mieterin der kleinen Dachmansarde zu ihrer Tochter übersiedelte, zog der Polizeionkel ganz in Lenas Elternhaus und begann Marie, die ihm den Haushalt machte, teure Geräte dafür zu schenken: Der erste Kühlschrank und die erste Waschmaschine kamen von ihm, später ein Fernsehgerät. Die Beamtenpension des Herrn Kriminaloberkommissärs überstieg den Arbeiterlohn des Vaters offensichtlich spürbar. In der Ecke neben dem Türrahmen der Dachwohnung hatte Onkel Alfred einen langen schwarzen Gummiknüppel aufgehängt. Für ungebetene Gäste, sagte er lachend, als Lena ihn einmal fragte, was das sei und wozu er es brauche. Aber es sind nie welche gekommen. Ein weiteres Relikt aus seiner aktiven Dienstzeit, die alte mechanische Schreibmaschine mit der SS-Runen-Taste, bewahrt Lena noch immer im Keller auf, als eine Art Beweis, dass es den Polizeionkel wirklich gegeben hat.
Ins Familiengrab im katholischen Hermanfriedhof, das der Onkel beim Tod seiner schönen Frau vorsorglich für vier Personen erworben hatte, kam Johann Ende der Siebziger Jahre, lange vor dem deutlich älteren Onkel, zuletzt Marie. Nach den gesetzlich festgelegten 25 Jahren hat Lena es mit einer kleinen Andacht und einem großen Gefühl der Befreiung aufgelöst. Bei ihren Besuchen in der Heimatstadt geht sie manchmal zu der immer größer werdenden freien Fläche im Friedhof in der Mitte der

Stadt und tanzt über den nicht mehr sichtbaren Gräbern. Eigentlich wundert sich Lena nicht, als sie Jahre später in einer Ausstellung über die jüdischen Textilfabrikanten Kahn und Arnold im Augsburger Textilmuseum plötzlich den Namen eines früheren Kollegen ihres Polizeionkels entdeckt. Ein Herr G., einer der „schneidigen Kerle", von denen der Onkel beim Mittagstisch oft prahlerisch erzählt hat, zum Leidwesen des Vaters, der sich immer irgendwie peinlich berührt abwandte, musste sich in einem Prozess nach dem Krieg verantworten, weil er im Jahr 1938 „maßgeblich beteiligt an der Wegnahme des Horch-Wagens von Benno Arnold" war, so steht es in der Nachkriegsakte. Zur Veranschaulichung ist ein der damaligen Luxuslimousine ähnliches dunkelrot lackiertes Auto in der Ausstellung aufgestellt. Kurz nach der „Wegnahme" ist der rechtmäßige Besitzer in Theresienstadt gestorben. Der ehemalige Polizeipräsident ist noch nach Kriegsende mit dem „angeeigneten" Wagen durch Augsburg gefahren, so ein Zeuge laut Prozessakte. So einer wie dieser G. passt in den Freundeskreis des Polizeionkels. Einmal böse, immer böse, sagt Lena zu ihrer Freundin, als sie aus dem kleinen Ausstellungskabinett in die Cafeteria gehen. Die Freundin erinnert sich (...) an den alten Onkel. Der sah doch aus wie Hermann Göring, sagt sie lachend, gell, dick und unangenehm. Lena nickt. Und was dein Vater sich von dem alles gefallen hat lassen! Der spielte sich doch auf, als wäre er der Herr im Haus, und ist die ganze Zeit um deine Mutter herumgeschwanzelt! Das scheint damals sogar die Freundin gemerkt zu haben. Sag mal, vielleicht hatte der deinen Vater in der Hand? Hat der ihm nicht diese Polizeiausbildung besorgt? Und der wusste doch bestimmt von den Polizeieinsätzen gegen die Zivilbevölkerung im besetzten Polen, an denen dein Vater beteiligt gewesen sein muss! Hätte er ihn vielleicht nach dem Krieg ans Messer liefern können, als diese Prozesse begannen? Lena nickt zögernd, das kann sein. Der Onkel arbeitete ja schnell

wieder als Polizist, nach einem kurzen Einsatz in einer Hutfabrik, wohl auf Veranlassung der Amerikaner. Offenbar fanden die irgendeine Mitgliedschaft bei ihm, vielleicht in der Gestapo, wie bei diesem Herrn G., aber man konnte ihm keine konkreten Straftaten nachweisen. Und die Amis brauchten ja Leute für die neue Verwaltung.
Dieser eklige Polizeionkel, das würde wirklich zu ihm passen: die ganze Familie unter Druck setzen mit seinem Wissen aus dem Krieg. Aber warum hat der Vater sich nicht gewehrt? Johann war doch ein Guter!
In diesem Augenblick mag sich Lena nicht an den Sohn des „Kriegskameraden" erinnern, der nach ihrem Besuch im Bayrischen vor ein paar Jahren am Telefon gesagt hatte: „Jo, eana Vodder is scho in der Essess gwesn."

## Letzter Umweg

Ganz am Ende, als alle Geschichten aus Lenas Kindheit und Jugend erzählt sind, aus denen die Schatten der beschwiegenen Vergangenheit zwischen den Zeilen ans Licht drängen, bleibt die verstörende Gewissheit, dass es keinen wirklich stichhaltigen Beweis aus der historischen Forschung gibt, der die innere Wahrheit des Kindes Lena und ihrer Geschichten hätte belegen können.
Verschiedene Archivrecherchen, die Lektüre historischer Fachliteratur und die Korrespondenz mit Wissenschaftlern hatten in all den Jahren, während denen Lenas Geschichten aus der „erfundenen Erinnerung" ans Licht traten, immer nur vage Hinweise erbracht, aus denen Folgerungen abgeleitet werden konnten über die Taten oder Unterlassungen des Vaters, aber niemals irgendeinen Beweis. Wo war die Quelle, aus der hervorging: „Herr S. war an diesem Verbrechen (Ort, Zeit, Handlung) beteiligt, oder „Herr S. hat die Teilnahme an diesem Verbrechen verweigert"?

Entsprang also alles nur der Phantasie des Kindes Lena, einer literarischen Figur, aus deren Kleidern die Autorin am Ende schlüpft, und auch aus jenen der erwachsenen Lena, um mit einem neuen Blick auf die Geschichten zu schauen?
War alles gelogen? Hatten all jene recht, die mir immer wieder freundlich beschieden, die Sache doch endlich auf sich beruhen zu lassen? Das alles sei doch Schnee von gestern, und ich solle stattdessen mein Leben genießen, gerade jetzt, im Ruhestand, reisen und mich erholen. All diese Geschichten bilde ich mir doch nur ein, entspringen doch nur meiner Phantasie ...
Ein paar Wochen vor der letzten redaktionellen Überarbeitung recherchiere ich dann doch noch ein bisschen. Die letzten Quellenstudien liegen schon eine Weile zurück, und nicht jede Spur

habe ich konsequent verfolgt, bin stattdessen lieber bei meinen Geschichten geblieben.
Aber die Suche nach der „historischen Wahrheit" lässt mich nicht los. Ich verspreche mir davon irgendeine Art von Sicherheit, im Guten oder im Bösen.
Da entdecke ich beim Recherchieren im Netz plötzlich einen Buchtitel, der genau meine Thematik zu umfassen scheint: Der Judenmord in Polen und die deutsche Ordnungspolizei 1939-1945. Ist er mir früher nicht aufgefallen? Ist das Buch neu oder habe ich es einfach übersehen? Auf der bibliografischen Seite der „Jahresberichte für deutsche Geschichte" steht es ganz oben, seither ist also zum Thema nichts Aktuelleres erschienen. Das Werk umfasst mehr als 1000 Seiten, es wird wegen seines Quellenreichtums von verschiedenen wissenschaftlichen Rezensenten gelobt, aber auch kritisiert, weil es nur deutschsprachige Dokumente auswertet – dabei gäbe es genug polnische Quellen zu diesem Thema.
Muss ich so etwas lesen? Als ich den Computer schon schließen will, plötzlich dieser Satz: Die „Namen fast aller angeführten Polizeiangehörigen" seien im Wortlaut vermerkt.
Den Weg zum historischen Seminar der Universität kenne ich aus dem Studium. Der frühlingskühle morgendliche Gegenwind auf dem Fahrrad steigert meine Unternehmungslust. In diesem Teil der Stadt war ich lange nicht mehr. Nur wenige Studenten sind unterwegs, alle scheinen mir sehr jung und sehr beschäftigt mit ihren Smartphones.

Mantel und Taschen muss ich im Keller einschließen. Wo früher die Türen einladend offen standen, gibt es jetzt ausführliche amtliche Hinweisschilder auf dem abblätternden Putz. Auf der Treppe begegnen mir blasse junge Menschen mit verschlafenem Gang, eine „lange Nacht der Hausarbeiten" wird auf einem Plakat angekündigt. Das gab es früher nicht.

Im zweiten Stockwerk vor der Seminarbibliothek ist eine Art Pförtnerhäuschen aufgebaut, ich muss der jungen Frau mit dem Strickzeug mein Anliegen vortragen. Den Standort des Buches habe ich schon von zuhause aus telefonisch erfragt, aber sie erklärt mir noch einmal sehr detailliert den Weg zur Bibliothek des Seminars für Zeitgeschichte, es gebe auch ein paar Tische und Stühle dort zum Arbeiten, und natürlich könne ich jederzeit etwas kopieren.

Den einzigen freien Sitzplatz finde ich im hinteren Treppenhaus, zwischen Stiege und Toilettentüren. Auf dem Tisch liegen alte Broschüren unordentlich herum, auch hier abblätternde Wandfetzen, aufgestapelte Stühle, Kartons mit alten Büchern, unter ihnen ein „Bulletin des Deutschen Historischen Instituts Warschau“, der Bericht über einen Kongress zu „meinem“ Thema, zehn Jahre alt. Habe ich denen nicht auch mal geschrieben? Das dicke Buch, das ich suchte, hat ein Jurist verfasst. Er stützt sich auf zahllose Akten staatsanwaltlicher Ermittlungen und Urteile gegen Polizeiangehörige. Hunderte von Nachkriegs-Akten aus der BRD, der DDR und Österreich hat er in bewundernswerter Fleißarbeit ausgewertet, um den konkreten Ablauf unzähliger Tötungsdelikte zu dokumentieren. Zeit, Ort und Beteiligte werden aus den sehr unterschiedlichen Zeugenaussagen herausdestilliert und ergeben erschütternde Gesamtbilder. Ist mein Vater vielleicht auch angeklagt, gar verurteilt worden? Was erwarte ich denn?

Ich vertiefe mich in einzelne Kapitel, verfolge verschiedene Stichwörter, lese Daten, aber finde nirgendwo den Namen eines einfachen Polizisten, wie der Vater einer war – „Rottwachtmeister der Reserve“ steht im Wehrpass – auch nicht im Verzeichnis am Ende des Buches. Die Mörder kamen offenbar vorwiegend aus den Reihen der „oberen Ränge“, manche brüsteten sich ihrer Taten, auch zuhause noch, lange danach, lese ich. Vielleicht war mein Vater zu unwichtig, um hier vorzukommen?

Allein in Posen gab es über 1000 Polizisten, im ganzen Warthegau 8000. Vielleicht saß er einfach nur in der polizeilichen Schreibstube herum (in welchem Haus? Steht es noch?) und notierte Tag für Tag die Namen der Ermordeten, mit seiner sorgfältigen Sütterlinschrift, wichtige Begriffe in gut lesbarer Druckschrift.
Ich suche die Nadel im Heuhaufen. Ich lese trotzdem weiter, versuche die Methode des Autors zu verstehen.
Immer wieder werde ich vom Lärm eines Handwerkers oder einer Putzfrau aufgeschreckt, die die Treppen heraufkommen und lautstark Türen öffnen und wieder zuwerfen. Die wenigen Studenten bewegen sich hingegen leise durch die Gänge. Wenigstens meine Wasserflasche durfte ich mitnehmen. Gemütlich ist das nicht. Aber in den Ghettos war es auch nicht gemütlich, versuche ich gegen mein Unbehagen anzugehen. Ich will das jetzt lesen, alles!
Nach zwei Stunden gebe ich auf. So geht das nicht. Ich kann mich nicht konzentrieren, und vermutlich finde ich sowieso nicht, was ich suche. Ich will hier raus!
Die freundliche Bibliothekarin gibt mir das Buch für eine Woche mit, es sind ja Semesterferien, sagt sie, da brauche es wohl niemand für ein Seminar. Das sei ja ganz schön dick, und wirklich kein angenehmes Thema! Sie legt mitfühlend den Kopf zur Seite. Aber sie fragt nichts.
Draußen scheint die Sonne, und auf dem Fahrrad gibt es jetzt keinen Gegenwind mehr. Nur nachhause!
Ein paar Tage später wage ich den zweiten Versuch. Mein freundliches helles Arbeitszimmer, Blumen auf dem Schreibtisch, der bequeme Lesesessel, eine Tasse Tee und das Vogelgezwitscher durchs offene Fenster – so könnte es gehen! Zwischen Fotos von erbarmungswürdig aussehenden Menschen mit aufgenähten gelben Sternen, bewacht von teilweise recht fröhlich wirkenden Polizisten, mit Bildunterschriften wie „Juden

beim Abtransport" oder „vor der Ermordung", fällt mein Blick auf ein Foto, das ein wenig herausfällt aus den endlosen Elendsszenarien: „Schutzpolizei eskortiert eine Gruppe von Juden" steht darunter, die Menschen scheinen mir weniger geduckt zu wirken als auf den anderen Fotos, ein Mann schiebt ein Fahrrad durch den Schnee, eine Frau trägt eine beinahe elegant wirkende Handtasche. Eine fast normale Straßenszene, wenn da nicht die beiden Polizisten wären, die die Menschengruppe begleiten. Der vordere, mit dem Tschako, ähnelt in seinen Gesichtszügen meinem Vater. Er hat den Mund ein wenig geöffnet, als würde er singen. Waffe trägt er keine, im Gegensatz zu dem Polizisten hinter ihm, der das Gewehr schultert. Das Foto ist in der Vergrößerung noch undeutlicher. So darf ich an der Fantasie festhalten, dass mein Vater kein Mörder war. Es ist möglich. Immer wieder haben Polizisten den Mord an Zivilisten verweigert, berichtet der Autor. Urlaubssperre, Verachtung, Sonntagswachen waren die Folge – von Todesurteilen ist nirgendwo die Rede. So wird ein „Polizeioberwachtmeister der Kraftfahrzeugstaffel" in Krakau erwähnt, der seine Opfer nicht selbst erschießen musste, nachdem er sich geweigert hatte, sie allerdings zum Steinbruch begleiten, wo sie von anderen ermordet wurden. So ähnlich könnte es ja auch bei meinem Vater gewesen sein, der als Kraftfahrer eingesetzt gewesen sein muss. So ähnlich. Vielleicht.
An anderer Stelle finde ich, dass „im Vernichtungslager Chelmno Polizisten an der Ermordung von 152.000 jüdischen Menschen in Gaswagen unmittelbar teilnahmen" (S. 896), wohl auch aus Posen, der nächstgelegenen Großstadt. Dass mein Vater dabei war, ist nicht erwiesen, aber gut möglich. So ähnlich.
Die Sonne geht langsam unter, die Vögel haben aufgehört zu singen, der Tee ist kalt geworden. In der Ferne kündet leises Donnergrollen einen Wetterumschlag an. Ich werde das Buch morgen zurückbringen.

# Epilog des toten Vaters

Ich wollte es Dir ersparen, Kind, Dein unbeschwertes Heranwachsen nicht unnötig belasten, mit Schuld und Elend, die nichts mit Dir zu tun haben.
Aber jetzt, wo ich seit vielen Jahren tot bin, hast Du es doch herausbekommen: die Sache mit den Gaslastwagen zum Beispiel. Woher sollte ich denn wissen, dass sie auf der Schwäbischen Alb erprobt worden sind, in der Behinderteneinrichtung Grafeneck, in der Nähe deines jetzigen Wohnorts? Du vermutest nun, dass ich solche Wagen gelenkt haben könnte, bei meinem Polizeieinsatz in Posen, vom November 1942 an.
Oder die Sache mit dem Klavier: Du hattest mir doch geglaubt, dass es am Geld lag, dass mein Arbeitergehalt eben nur für ein Metallophon gereicht hat, das ich Xylophon nannte, und später für die Melodica. Besonders ausdauernd hast Du auf beiden nicht gespielt, schnell verflog Dein Interesse. Erst als Dein flötenspielender Jugendfreund Dir nach dem Abitur seine Klassikplatten auf Band aufnahm, hast Du Dir eine Blockflöte gekauft, von deinem selbst verdienten Geld, und den ganzen Sommer mit ihm geübt – das hat mich überrascht, und auch ein bisschen gekränkt.
Ich wollte doch immer, dass Du singst und musizierst, Kind! War doch für mich der Druckergesangverein „Gesellschaft Typographia“ jeden Dienstagabend eines meiner größten Vergnügen, und das Singen in der Kirche natürlich. Hast Du vergessen, dass wir Dir zwei Jahre lang den Besuch der „Albert-Greiner-Singschule“ bezahlt haben, von dem wenigen, was wir hatten? „Ich hab die Welt verlassen“ war dein Lieblingslied. Das hast Du zuhause immer gesungen.
Und dann Euer Konzert im großen Saal des „Ludwigsbau“, der damals noch stand. Ma come bali bela bimba ... Wir haben den italienischen Text beide nicht verstanden, aber es war schön! Als

Du in die dritte Klasse kamst, hättest Du dann die Singstunden in der Stadt besuchen müssen, sie wurden nicht in dem kleinen Schulpavillon im Spickel abgehalten. Aber wir konnten Dich doch nicht mit acht Jahren alleine in die Stadt fahren lassen, mit dem Fahrrad! Der Bus war zu teuer, und auch nicht ganz ungefährlich für ein Kind. Und von der abendlichen Chorprobe in der Klosterschule habe ich Dich dann später immer mit dem Rad abgeholt, damit Du in der Nacht nicht alleine heimfahren musstest – erinnerst Du Dich?
Am Ende Deines Studiums hast Du meine Notizkalender gefunden. Vor meinem plötzlichen Tod hatte ich keine Zeit mehr sie wegzuräumen, aber die Jahre 1943 und 1944 hatte ich schon vorher irgendwann vernichtet. Und Deine Mutter dachte sich offenbar nichts Böses, als sie Dir die Büchlein übergab. Ich habe Marie ja nie etwas erzählt, sie wusste nichts. Sonst hätte sie aufgehört mich zu lieben. Und Dich hätte es nie gegeben, unser spätes einziges Kind!
Und da konntest Du also lesen, dass ich mich im Januar 1945 aus Angst vor den herannahenden Kriegshandlungen, in die ich plötzlich geraten war (ich wollte doch nie an die Front, hatte mich doch deshalb zur Polizei gemeldet), dass ich mich mit ein paar Kameraden im Wald versteckte, bei Bauern unterkam, bis die Russen uns entdeckten. Als Erwachsene hast Du die Gedenkstätte Seelower Höhen besucht – da wusstest Du, was mir erspart geblieben war im Januar 1945.
Ob wir desertiert sind, hättest Du mich sicher gefragt, Kind! Was für ein Wort. Ich hatte einfach nur Angst um mein Leben. Und dass der Krieg nicht mehr lang dauern konnte, wusste oder spürte jeder damals. Die Gefangenschaft war fast eine Erlösung, zumal ich da schon das Flugblatt „Offiziere gegen Hitler" in meinem Wehrpass hatte, das Du auch gefunden hast, sorgfältig zusammengefaltet. Ein Kamerad hatte es mir zugesteckt, irgendjemand muss es gefunden und verteilt haben.

Die Juden habe ich nie gemocht, ihre Eleganz und Wendigkeit zeigten mir immer, wie ungebildet und ungeschliffen ich selber war, ein einfacher Arbeiter eben. Ich stand für Ehrlichkeit und klare Worte, nicht für Verführung oder Verhandlungsgeschick. Wenn Marie begeistert von den jüdischen Handelsvertretern der Textilfabrikanten erzählte, ihrem Charme und ihren Umgangsformen, war ich wütend, zeigte es aber nicht, sondern schüttelte lächelnd den Kopf: Frauen halt, sagte ich dann oder dachte es nur.
Aber deswegen hätte ich diese Leute doch nicht umgebracht! Ich wollte überhaupt niemanden umbringen, deswegen bin ich doch auch weggelaufen, in den Wald.
Wenn ich in Posen vor den Wohnungen stand, aus denen sie vertrieben wurden, in meiner Polizeiuniform, die Waffe im Anschlag, war mir klar, dass ich auf keinen Fall als Erster schießen würde, wenn jemand einen Fluchtversuch gemacht hätte. Im entscheidenden Moment hätte ich eben versucht wegzusehen. Aber leidgetan haben sie mir nicht, mit ihren Pelzmänteln und Lederkoffern und ihrem Schmuck! Sollten sie nur das Arbeiten lernen in den Lagern. Da gehörten sie hin, jawohl.
Glück hatte ich immer. Dass ich keinen umbringen musste, und selber überlebt habe. Die „schwarze Madonna von Tschenstochau" hat mich beschützt, da bin ich mir sicher. Das Medaillon, das Marie mir mitgegeben hatte.
Ich bekam genug zu essen, selbst in der Gefangenschaft, und wurde medizinisch gut versorgt, als ich Scharlach hatte. Über die russischen Ärztinnen habe ich mich gewundert, das gab es bei uns nicht! Und sie waren freundlich zu ihren Feinden, während in unseren Lagern tausende Russen verhungert sind – aber das wusste ich damals nicht. Davon hättest Du mir heute erzählen können, kluge Studentin, wenn ich noch lebte, und manches andere über das wahre Gesicht des „Dritten Reiches", worüber nur Gebildete etwas wissen können, und Ihr Nachgeborenen.

Haben die russischen Bewacher die Blutgruppentätowierung ihres Gefangenen übersehen? Ich habe sie doch erst nach der Heimkehr entfernen lassen. Wussten sie nicht, was das bedeutet? Meinen russischen Sprachführer hattest Du auch gefunden in meinen Sachen, da war ich noch am Leben! Erinnerst Du Dich? Ihr wolltet in der Schule eine Russisch-AG aufziehen, zur Zeit der Ostverträge, und da habe ich Dir dann mit einem gewissen Stolz das ziemlich zerschlissene Büchlein gezeigt. Lesen und sprechen konntest Du diese schwere schöne Sprache dann schnell viel besser als ich es jemals konnte – ich tat mir nie leicht mit dem Lernen.
Deshalb habe ich mir auch die Meisterprüfung als Buchdrucker nicht zugetraut und bin lebenslang ein „Gehilfe" gewesen, sehr zum Jammer von Marie – aber das ist eine andere Geschichte. Ich wollte nie „etwas Besseres" sein.
Und jetzt vermutest Du, dass ich diese Gaswagen gefahren habe, mit meinem Kriegsführerschein, dass ich vielleicht als Wachmann in einem Ghetto war oder sogar in einem Konzentrationslager. Ich habe ja den Warschauer Stadtplan aufbewahrt. Ich war immer ein guter Vater, jedenfalls solange Du klein warst. Davon erzählen Deine Geschichten! Oft habe ich Dich vor Maries unsinnigen Befehlen gerettet, die immer wollte, dass Du Dir bei der Hausarbeit die Hände schmutzig machst: Man kann den kleinen Besen auch an der scharfen Metallkante der Holzschublade unterm Küchenherd abstreifen, dann ist er wieder sauber und der Schmutz fällt nach innen, wo er hingehört. Dein Lächeln, als ich Deine kleine Hand nahm und es dir zeigte! Als Du dann größer wurdest, selber zu denken angefangen hast, Wünsche und Pläne hattest, lernen wolltest, da hast Du Dich zurückgezogen, wolltest nichts mehr von mir wissen, hast Dich für den einfachen Arbeiter geschämt.
Vielleicht hättest du Dir gewünscht, dass ich Dir nach dem Abitur zu einem Stipendium der Gewerkschaft verholfen hätte, mit

einem Kollegen geredet? Oder zu einem Praktikum bei der „Augsburger Allgemeinen Zeitung“, ich hatte ja ganz gute Kontakte zu den Druckern und Setzern dort.
Du hast mich nie um so etwas gebeten. Du wusstest im Voraus, was ich antworten würde: I denk jo gor ned dro!
So kanntest Du es aus Kindertagen: Kein Auto, kein Klavier, keine Brieffreundin, keine höhere Schulbildung – immerhin die hast Du Dir ja ertrotzt, weil das Gymnasium dann nichts mehr kostete, als Du fertig warst mit der Mittleren Reife, und weil die Klosterschwestern, Deine Tante voraus, Dich ermutigten. Deine Mutter, Marie, wäre als junges Mädchen gerne Lehrerin geworden. Aber das ist auch eine andere Geschichte.
Es tut mir leid, Kind. Ich habe getan was ich konnte. Zu mehr reichte meine Kraft nicht aus, als Du in mein Leben getreten bist – so plötzlich und unerwartet spät.
Du warst mein ganzes Glück. Du wusstest es immer.

So könnte Lenas Vater heute sprechen, wenn er neben ihr stünde, in ihrer Phantasie. Doch er ist tot, und sein Bild zerbricht.

# Nachwort

Lena ist vorsichtig. Die Erzählerin berichtet in der dritten Person von ihrem Leben und wechselt erst zum Schluss in die Ichform, als sie ihre Spurensuche zusammenfasst. Vieles ist unsicher. Die Erinnerungen an die Kindheit, Gespräche, Begebenheiten, zufällig Gehörtes und Erlauschtes, Zusammenhänge und schließlich die eigenen Gefühle und Gedanken. Gleichsam beobachtend und abwägend ermöglicht die Erzählperspektive eine gewisse Distanz.
Geboren 1952 in Augsburg als einzige Tochter eines Buchdruckers und einer Textilverkäuferin, schafft sie gegen den Wunsch der Eltern über die Realschule das Abitur, studiert als emanzipierte und politisch aktive Achtundsechzigerin Germanistik und Geschichte in Tübingen und geht in den Schuldienst in Baden-Württemberg. Wie ein Alptraum bedrängen sie die Verbrechen und Grausamkeiten des Nationalsozialismus, dessen Geschichte sie seit der Schulzeit sorgfältig studiert und die sie mosaiksteinförmig auch in ihrer Familie entdeckt. Die Eltern erzählen nicht, die Erwachsenengespräche brechen ab, wenn die Tochter erscheint, und sie fragt nicht. Ersten Hinweisen wird nicht nachgegangen, Studium, linke Aufbruchstimmung, ein Dissertationsprojekt, der Berufsalltag ... haben Vorrang. Die Eltern in Augsburg sind weit weg.
Nach dem Tod des Vaters zeigt der Nachlass Spuren der Bereinigung. Die Mutter will von der Vergangenheit nichts wissen und nach ihrem Tod kann niemand mehr Auskunft geben. Die nun beginnende systematische Recherche stößt an Grenzen, an Konstruktionen der Vergangenheit, die wie Masken „dicht" halten. Umso hilfloser ist sie dem Verdacht, Vermutungen, Befürchtungen, ihren Vorstellungen ausgeliefert. „Es ist möglich, denkt Lena, und nimmt die alten Fotos von der Wand, dass der Vater in Polen (...) etwas gesehen oder getan hat, das

alle menschliche Vorstellungskraft übersteigt ..." (Seite 63). Die liebevolle Beziehung zum Vater wird im Zuge der Nachforschungen neu bewertet. Die heitere, in Fotos dokumentierte Vorkriegszeit der Eltern, die 1937 heirateten, steht im Gegensatz zur erlebten Familiengeschichte. Lena hat ihre Eltern nur ernst, eng und unsicher kennengelernt. Gegenstände, Verhaltensweisen und Gebote erhalten einen neuen Sinn. Lena selbst hat dies gespürt und fühlte sich, ohne zu wissen warum, schuldig, verlassen und „verurteilt". Dinge des Alltags, eine Bank, ein Klavier, ein Löffel werden zu Hinweisen auf die Judenverfolgung, die unbeschwerte Gegenwart wird kontrastiert mit der Ausweglosigkeit der Verfolgten in der NS-Zeit. Die Auseinandersetzung mit der nationalsozialistischen Vergangenheit, welche die Nachkriegsgeneration als Lebensaufgabe auffasste – „jeder muss ein Teil beitragen zu einem Neuanfang" (Seite 116) – wird zu einer zermürbenden familiären Spurensuche und schließlich zu einer kritischen Sicht auf die Gewissheiten und selbstsicheren Überzeugungen des eigenen Lebens. Lena wird vorsichtiger in ihren Urteilen, überlegter und stellt mit präziser Beschreibung Überlegenheitsansprüche ihrer Generation, Gewissheiten, Meinungen und historische Bewertungen in Frage.
Aus einer Familienrecherche zur NS-Zeit wird die Beschreibung einer nachdenklichen und illusionslosen, unter dem Alpdruck der Geschichte leidenden Frau, anschaulich, teilweise lakonisch nüchtern geschildert. In ihrer Lebensbeschreibung wird sich eine ganze Generation angesprochen fühlen. Und doch ist dies nicht alles. Lena verteidigt und beglaubigt die Glückssituationen, heiteren, zufriedenen und schönen Momente in der Erinnerung, ohne die Ambivalenz der jeweiligen Situation zu unterschlagen. Und diese glücklichen Erinnerungen an die Kindheit bestätigt sie in einem Schlusswort, das sie gewissermaßen für sich selbst schreibt.

Vielleicht eröffnet diese mit Empathie, Nachdenklichkeit und schutzloser Offenheit geschriebene Familiengeschichte mehr Verständnis für unsere eigene Geschichte als eine historische Darstellung.

Peter Fassl

Dr. Peter Fassl ist Bezirksheimatpfleger des Regierungsbezirks Schwaben in Augsburg

BILDNACHWEISE:

| | |
|---|---|
| Coverfoto: | Datei Bundesarchiv Bild 101I-380-0069-33,<br>Polen/Verhaftung von Juden |
| Foto der Autorin: | Michael Friedrichs |
| S. 21 Bild 1: | "Das bin ich, Lena, das Kind!"<br>Zeichnung Eva Rode, Tübingen, 7/2017 |
| S. 31 Bild 2: | Wasserwerk am Hochablass<br>Franz Häußler, Augsburg |
| S. 88 Bild 3: | Hotel Kaiserhof<br>Franz Häußler, Augsburg |
| S. 94 Bild 4: | Plan der Hauptstadt Warschau, Ghetto eingezeichnet<br>Diasporamuseum Tel Aviv<br>(Foto Gertrud Scheuberth 1/2000) |
| S. 110 Bild 5: | Danzigreise: Ankunft in Augsburg /<br>Seebad Zoppot bei Danzig<br>Nachlass Johann Scheuberth 8/1934 |
| S. 115 Bild 6: | Marie und Johann 1935 Nachlass Johann Scheuberth |
| S. 153 Bild 7: | St. Ottilien im Winter Postkarte<br>Gütersloher Verlagshaus 2015 (Rolf Blesch) |
| S. 162 Bild 8: | Stadttheater Augsburg: Garderobe, Treppe<br>Bernd Ulrich Wagner /<br>Augsburger Allgemeine Zeitung 2016 |